Micha Heilmann

Die Betriebsvereinbarung

Handlungshilfe für Betriebsräte

4. Auflage

Vierte, aktualisierte Auflage 2008
© 2007 by Bund-Verlag GmbH, Frankfurt/Main

Autor: Micha Heilmann

Druckvorstufe: Mediakonzept Widdig GmbH, Köln
Druck: alpha print medien AG, Darmstadt
Printed in Germany 2007

ISBN 978-3-7663-3835-8

Alle Rechte vorbehalten,
insbesondere die des öffentlichen Vortrags,
der Rundfunksendung
und der Fernsehausstrahlung,
der fotomechanischen Wiedergabe,
auch einzelner Teile.

www.aib-verlag.de
www.bund-verlag.de

Inhalt

Abkürzungsverzeichnis 5
Literaturempfehlungen 6
Vorbemerkungen 7

I. Was ist eine Betriebsvereinbarung? 9
1. Zustandekommen, Formvorschriften 9
2. Abgrenzung zu anderen Absprachformen 11
3. Freiwillige und erzwingbare Betriebsvereinbarung 13

II. Gegenstand, Wirkung und Grenzen einer Betriebsvereinbarung 15
1. Gegenstand einer Betriebsvereinbarung 15
2. Wirkung von Betriebsvereinbarungen 17
3. Grenzen der Betriebsvereinbarung 18
3.1. Beachtung zwingenden Rechts sowie der Grundrechte 18
3.2. Tarifvorbehalt des § 77 Abs. 3 BetrVG 20
3.3. Gesetzes- und Tarifvorrang gemäß § 87 Abs. 1 Einleitungssatz BetrVG 23

III. Geltungsbereich einer Betriebsvereinbarung 26
1. Räumlicher Geltungsbereich 26
2. Persönlicher Geltungsbereich 26
3. Fachlicher Geltungsbereich 28

IV. Geltungsdauer einer Betriebsvereinbarung 30
1. Kündigung einer Betriebsvereinbarung 31
2. Andere Formen der Beendigung 34

V. Nachwirkung von Betriebsvereinbarungen 36

VI. Gesamt- und Konzernbetriebsvereinbarungen;
    Rahmenvereinbarungen 39
1. Gesamt- und Konzernbetriebsvereinbarungen 39
2. Rahmenvereinbarungen 41

VII. Vorgehen bei Abschluss einer Betriebsvereinbarung 43

VIII. Einigungsstelle 51

IX. Umsetzung und Fortschreibung von Betriebsvereinbarungen 57
1. Information der Arbeitnehmer 57
2. Durchführung von Betriebsvereinbarungen 58
3. Fortschreibung von Betriebsvereinbarungen 60

X.	Übertragung von Aufgaben des Betriebsrats auf Arbeitsgruppen	61
1.	Was ist eine Arbeitsgruppe?	61
2.	Welche Aufgaben kann der Betriebsrat übertragen?	62
3.	Entscheidungen und Arbeit in der Arbeitsgruppe	63
4.	Vereinbarungen der Arbeitsgruppe	65
5.	Übertragungsbeschluss, Rahmenvereinbarung	66
6.	Verhältnis Betriebsrat – Arbeitsgruppe	68
7.	Widerruf der Übertragung sowie Kündigung der Rahmenvereinbarung	69

Anhang Nr. 1:	Übersicht über das Einigungsstellenverfahren	70
Anhang Nr. 2:	Allgemeine Checkliste für den Abschluss von Betriebsvereinbarungen	71
Anhang Nr. 3:	Checkliste Rahmenvereinbarung: Übertragung von Aufgaben des Betriebsrats	73

Stichwortverzeichnis 75

Abkürzungsverzeichnis

a.A.	andere/anderer Ansicht
a.a.O.	am angegebenen Ort
Abs.	Absatz
AGG	Allgemeines Gleichbehandlungsgesetz
AiB	Arbeitsrecht im Betrieb (Zeitschrift)
AP	Arbeitsrechtliche Praxis (Entscheidungssammlung)
Art.	Artikel
AÜG	Arbeitnehmerüberlassungsgesetz
AuR	Arbeit und Recht (Zeitschrift)
Aufl.	Auflage
BAG	Bundesarbeitsgericht
BB	Betriebs-Berater (Zeitschrift)
BetrAVG	Gesetz zur Verbesserung der betrieblichen Altersversorgung
BetrVG	Betriebsverfassungsgesetz
BGB	Bürgerliches Gesetzbuch
BT.-Drs.	Bundestags-Drucksache
DB	Der Betrieb (Zeitschrift)
DGB	Deutscher Gewerkschaftsbund
DKK	Däubler/Kittner/Klebe, BetrVG, 10. Aufl., Frankfurt/Main, 2006; zitiert: DKK-Bearbeiter
DKKF	Däubler/Kittner/Klebe, Formularbuch zum BetrVG, Frankfurt am Main, 2006; zit.: DKKF-Bearbeiter
EDV	Elektronische Datenverarbeitung
EFZG	Entgeltfortzahlungsgesetz
EzA	Entscheidungssammlung zum Arbeitsrecht
Fitting	Fitting/Engels/Schmidt/Trebinger/Linsenmaier, BetrVG, 23. Aufl., München 2006
gem.	gemäß
GG	Grundgesetz
GmbH	Gesellschaft mit beschränkter Haftung
GS	Großer Senat
InsO	Insolvenzordnung
IT	Informationstechnologie
juris	Juristisches Informationssystem
LAG	Landesarbeitsgericht
m.w.N.	mit weiteren Nachweisen
NGG	Nahrung Genuss Gaststätten (Gewerkschaft)
Nr.(n)	Nummer(n)
NZA	Neue Zeitschrift für Arbeitsrecht (Zeitschrift)
Rn.	Randnummer, Randnummern
sog.	so genannt/so genannte/so genannten
TVG	Tarifvertragsgesetz
TzBfG	Teilzeit- und Befristungsgesetz

Literaturempfehlungen

Breisig, Thomas; Gruppenarbeit und ihre Regelung durch Betriebsvereinbarung, Handbuch für Praktiker, Köln 1997

Däubler, Wolfgang/Kittner, Michael/Klebe, Thomas (Hrsg.); Betriebsverfassungsgesetz, Kommentar für die Praxis, 10. Aufl. Frankfurt a.M. 2006

Däubler, Wolfgang/Kittner, Michael/Klebe, Thomas (Hrsg.); Formularbuch zum Betriebsverfassungsgesetz; Frankfurt a. M. 2006

Fitting/Engels/Schmidt/Trebinger/Linsenmaier; Betriebsverfassungsgesetz, 23. Auflage, München 2006

Fricke, Wolfgang/Grimberg, Herbert/Wolter, Wolfgang (Hrsg.); Betriebsratsarbeit – richtig „verkauft", 8. Aufl., Frankfurt a. M. 2005

Göritz/Hase/Pankau/Röhricht/Rupp/Teppich; Handbuch Einigungsstelle, 4. Auflage; Frankfurt a. M. 2007

Hamm, Ingo; Flexible Arbeitszeiten in der Praxis, 2., überarbeitete Auflage; Frankfurt a. M. 2001

Klebe, Thomas/Ratayczak, Jürgen/Heilmann, Micha/Spoo, Sibylle; Basiskommentar zum Betriebsverfassungsgesetz, 14. Aufl., Frankfurt a. M. 2007

Vorbemerkungen

Jeder hat schon von ihr gehört, der Betriebsvereinbarung. Aber was genau sie ist und wie sie funktioniert, wissen viele nicht. Diese Broschüre gibt einen Überblick über die rechtlichen und praktischen Fragen, die mit der Betriebsvereinbarung verbunden sind. Sie ist die wichtigste Form der Niederlegung der politischen Ergebnisse der Betriebsratsarbeit. In ihr werden die Rechte und Pflichten der Arbeitnehmer sowie Mitwirkungsrechte des Betriebsrats festgehalten. Die Kenntnis der Spielregeln einer Betriebsvereinbarung ist daher für jeden Betriebsrat unverzichtbar. Soweit es um Rechtsfragen geht, wird im Wesentlichen die Auffassung der Rechtsprechung, insbesondere die des Bundesarbeitsgerichts wiedergegeben. Damit sind Betriebsräte auf der „sicheren" Seite. Dies bedeutet allerdings nicht, dass die Auffassungen des BAG auch inhaltlich überzeugend sein müssen.

Das Betriebsverfassungsgesetz erlaubt es dem Betriebsrat, Aufgaben auf Arbeitsgruppen, die mit dem Arbeitgeber Vereinbarungen schließen können, zu übertragen. Auch hierzu gibt es rechtliche Hinweise und praktische Beispiele.

Nicht in dieser Broschüre behandelt werden die Fragen von Sozialplan und Interessenausgleich (§§ 111 ff. BetrVG). Diese haben besondere Voraussetzungen und Spielregeln. Nähere Informationen hierzu finden sich in „Handbuch Interessenausgleich und Sozialplan" von Hase/v.Neumann-Cosel/Rupp (Bund-Verlag, 4. Auflage 2004) und Betriebsänderung, Interessenausgleich, Sozialplan" von Rudi Rupp (Bund-Verlag 2006).

Musterbetriebsvereinbarungen zu allen Themen, bei denen der Betriebsrat mitzubestimmen hat, sowie Checklisten und Formulare für den Betriebsratsalltag bietet das Formularbuch zum Betriebsverfassungsrecht von Däubler/Kittner/Klebe.

I. Was ist eine Betriebsvereinbarung?

Eine Betriebsvereinbarung ist eine Art *Vertrag* zwischen Arbeitgeber und Betriebsrat, für die das Betriebsverfassungsgesetz eigene Spielregeln festgelegt hat. Diese stehen im Wesentlichen in § 77 BetrVG.

1. Zustandekommen, Formvorschriften

Betriebsvereinbarungen begründen unmittelbar und zwingend Rechte und Pflichten für Arbeitnehmer und Arbeitgeber. Auch Ansprüche des Betriebsrats werden in ihnen geregelt. Daher ist es notwendig, dass über ihren Inhalt so wenig wie möglich Zweifel bestehen. Das Betriebsverfassungsgesetz schreibt vor, dass Betriebsvereinbarungen schriftlich niederzulegen und zu unterschreiben sind. Schon im Interesse seiner Wähler sollte daher der Betriebsrat diese Formalien beachten.

Die Betriebsvereinbarung muss im Original von Arbeitgeber und Betriebsrat auf einer Urkunde, d.h. demselben Blatt Papier, unterzeichnet werden (§ 126 BGB; vgl. BAG v. 21.8.1990, AP Nr. 19 zu § 6 BetrAVG; BAG v. 14.2.1978, AP Nr. 6 zu Art. 9 GG Arbeitskampf, DKK-Berg, § 77 Rn. 30). Den Formvorschriften des Gesetzes ist nicht Genüge getan, wenn der Betriebsrat einseitig eine Kopie unterschreibt. *Eine Urkunde*

Die Unterschriften müssen am Ende des Textes stehen. Bei längeren Vereinbarungen muss nicht jedes Blatt einzeln unterschrieben werden. Es reicht aus, wenn am Ende des Textes die Unterschriften geleistet werden und die Blätter z.B. mit einer Heftklammer zusammengefügt sind.

Anlagen zu *einer Betriebsvereinbarung* müssen nicht zwingend unterzeichnet werden, sofern sie mit der Betriebsvereinbarung erkennbar eine Einheit (sog. Gesamturkunde) bilden, z.B. zusammengeheftet sind.

Bei anderen Verträgen, wie z.B. einem Mietvertrag, reicht es aus, wenn gleich lautende, jeweils nur von einer Vertragspartei unterzeichnete Schriftstücke ausgetauscht werden (§ 126 Abs. 2 BGB). Dies genügt bei einer Betriebsvereinbarung nicht (LAG Berlin v. 6.9.1991, AiB 1992, 294).

Unterzeichnung meint, dass sich aus den Unterschriften zweifelsfrei ergeben muss, wer unterschrieben hat. Dies bedeutet zwar nicht, dass eine gut leserliche Unterschrift geleistet werden muss, aber die Identität des Unterschreibenden muss zweifelsfrei erkennbar sein. *Zuordenbare Unterschriften*

Zwei unterzeichnete Urkunden

Von der Betriebsvereinbarung sollte es jeweils zwei im Original unterschriebene Vereinbarungen geben: Eine für den Betriebsrat und eine für den Arbeitgeber. Der Betriebsrat sollte alle Betriebsvereinbarungen *sorgfältig aufbewahren*. Im Laufe der Zeit sammeln sich viele Vereinbarungen an. Es ist in der Praxis auch schon vorgekommen, dass ältere Betriebsvereinbarungen in der Personalabteilung „verloren" gegangen sind oder nach einem Betriebsübergang nicht mehr auffindbar waren.

Eine *Ausnahme* bilden Betriebsvereinbarungen, die durch einen *Spruch der Einigungsstelle* zustande gekommen sind. Diese müssen nicht von den Betriebsparteien unterschrieben werden. Das Ergebnis der Einigungsstelle ist schriftlich festzuhalten und vom Vorsitzenden zu unterschreiben (§ 76 Abs. 3 BetrVG). Damit ist sichergestellt, dass Klarheit über den Inhalt der in der Einigungsstelle zustande gekommenen Betriebsvereinbarung herrscht.

Erforderlich sind übereinstimmende Willenserklärungen

Eine Betriebsvereinbarung kommt nach dem Wortlaut des Gesetzes durch einen gemeinsamen *Beschluss von Arbeitgeber und Betriebsrat* zustande (§ 77 Abs. 2 Satz 1 BetrVG). Dies meint jedoch entgegen dem Wortlaut nicht, dass etwa in einer gemeinsamen Sitzung über die Betriebsvereinbarung abgestimmt werden müsste. Vielmehr müssen Betriebsrat und Arbeitgeber nur durch übereinstimmende Willenserklärungen zum Ausdruck bringen, dass sie eine Betriebsvereinbarung mit einem bestimmten Inhalt abschließen wollen. Wie auf Seiten des Arbeitgebers über den Abschluss einer Betriebsvereinbarung entschieden wird, ist dessen Sache. Je nach Unternehmensform und internen Richtlinien des Unternehmens kann eine Entscheidung des Vorstands, der Geschäftsführung oder auch nur des Personalchefs notwendig sein.

Auf Seiten des Betriebsrats geschieht dies durch einen Beschluss (§ 33 BetrVG; siehe hierzu Böttcher, Die Arbeit im Betriebsratsgremium, 3. Aufl. 2006). Über den Abschluss von Betriebsvereinbarungen muss der gesamte Betriebsrat entscheiden. Der Betriebsausschuss oder andere Ausschüsse dürfen keine Betriebsvereinbarungen abschließen (§§ 27 Abs. 3, 28 BetrVG). Besonderheiten gelten für Vereinbarungen von Arbeitsgruppen nach § 28a BetrVG (siehe hierzu Kapitel X.).

Formfehler

Wird eine Betriebsvereinbarung abgeschlossen, *ohne* dass ein ordnungsgemäßer *Beschluss* des Betriebsrats hierfür vorliegt, ist die Vereinbarung *nichtig*. Dies bedeutet, dass sie von Anfang an unwirksam war. Sie entfaltet dann keine Wirkungen (Fitting, § 77 Rn. 30; DKK-Berg, § 77 Rn. 29). Arbeitnehmer können also keine Ansprüche aus ihr herleiten. Unter Umständen kann die unwirksame Betriebsvereinbarung dann als Regelungsabsprache angesehen werden (DKK-Berg, § 77 Rn. 30).

Unterzeichnet wird die Betriebsvereinbarung vom *Vorsitzenden des Betriebsrats*. Dieser vertritt den Betriebsrat im Rahmen der gefassten Beschlüsse (§ 26 Abs. 2 BetrVG).

I. Was ist eine Betriebsvereinbarung?

Rundschreiben des Arbeitgebers sind, auch wenn sie inhaltlich mit dem Betriebsrat abgestimmt sind, keine Betriebsvereinbarungen. Gleiches gilt für *Aushänge des Arbeitgebers* am schwarzen Brett.

Zweifelsfälle

Gemeinsam unterzeichnete Rundschreiben oder gemeinsam unterschriebene Protokolle sind in der Regel keine Betriebsvereinbarungen (LAG Düsseldorf, DB 1977, 1954). Jedoch kann es sich um eine Betriebsvereinbarung handeln, wenn sich aus den Umständen ergibt, dass der Abschluss einer Betriebsvereinbarung gewollt war und entsprechende Willenserklärungen abgegeben wurden.

Auch wenn die Betriebsparteien eine Regelung als „Protokollnotiz" bezeichnen, kann es sich materiell um eine Betriebsvereinbarung handeln. Entscheidend ist der Wille, Normen zu setzen (vgl. BAG vom 20.2.2001, AiB 2001, 666 m. Anm. Peter).

Der Austausch von E-Mails zum Abschluss einer Betriebsvereinbarung wahrt nicht das Schriftformerfordernis. Allerdings ist der Abschluss einer Betriebsvereinbarung in elektronischer Form möglich, sofern der elektronischen Erklärung die Namen der Unterzeichner hinzugefügt worden sind und mit einer qualifizierten elektronischen Signatur nach dem Signaturgesetz versehen sind (§ 126 a BGB).

✓ **Merke:** *Wer sichergehen will, dass die Formvorschriften beachtet werden und Fälschungen ausgeschlossen sind, sollte:*

- *am Ende des Textes der Betriebsvereinbarung unterschreiben,*
- *alle Seiten mit seinem Namenskürzel zeichnen,*
- *je ein unterschriebenes Original für Betriebsrat und den Arbeitgeber fertigen.*

2. Abgrenzung zu anderen Absprachformen

Nicht alle Absprachen, die Betriebsrat und Arbeitgeber treffen, müssen in Form einer Betriebsvereinbarung geregelt werden.

Das Gesetz verwendet verschiedene Begriffe. Es gibt die Einigung (§ 37 Abs. 6 BetrVG), das Einvernehmen (§ 44 Abs. 2 BetrVG), das Einverständnis (§ 76 Abs. 2 BetrVG) und die Vereinbarung (§ 77 Abs. 1 BetrVG). Alle Vereinbarungen, die nicht eine Betriebsvereinbarung sind, lassen sich über den Begriff der Regelungsabrede (Fitting, § 77 Rn. 216) zusammenfassen.

Begriff der Regelungsabrede

Worin unterscheiden sich nun Betriebsvereinbarung und Regelungsabrede? Für die Regelungsabrede enthält das Gesetz keine Formvorschriften. Sie kann also schriftlich, aber auch mündlich abgeschlossen

Unterscheidungsmerkmale

werden. Entscheidend ist aber der Unterschied in den rechtlichen Wirkungen. Eine Betriebsvereinbarung hat – wie die Juristen sagen – *normative Wirkung.* Sie gilt unmittelbar und zwingend für alle Arbeitnehmer im Betrieb. Auf Ansprüche aus einer Betriebsvereinbarung kann nur mit Zustimmung des Betriebsrates verzichtet werden (§ 77 Abs. 4 BetrVG).

Die *Regelungsabrede* entfaltet nur *schuldrechtliche Wirkungen,* d.h. sie bindet zunächst nur Betriebsrat und Arbeitgeber. „Wählen Arbeitgeber und Betriebsrat die Form der Regelungsabrede, bleibt es dem Arbeitgeber überlassen, das mit dem Betriebsrat abgesprochene Konzept gegenüber allen betroffenen Arbeitnehmern mit individualrechtlichen Mitteln umzusetzen" (LAG Hamm v. 17.10.1996 – 4 Sa 1516/95 – juris).

Beispiel

> Betriebsrat und Arbeitgeber vereinbaren in Form einer Regelungsabrede, dass Arbeitnehmer in der Exportabteilung eine Zulage von 100,00 € pro Monat erhalten. Die Regelungsabrede verpflichtet den Arbeitgeber nur im Verhältnis zum Betriebsrat, den Betrag zu zahlen. Zahlt er nicht, kann der Betriebsrat ein Beschlussverfahren auf Einhaltung der Regelungsabrede einleiten. Ein einzelner Arbeitnehmer kann jedoch nicht direkt auf Grundlage der Regelungsabsprache allein klagen. Erst wenn der Arbeitgeber entsprechende Zusagen gegenüber den einzelnen Arbeitnehmern gegeben hat, kann der Arbeitgeber auch vom einzelnen Arbeitnehmer verklagt werden.

Sinnvolle Regelungsgegenstände

Regelungsabreden bieten sich daher immer dann an, wenn die direkten Beziehungen zwischen Arbeitgeber und Betriebsrat geregelt werden sollen (z.B. bei Einigungen über Freistellungen, den Kostenersatz für die Betriebsratsarbeit, die Inanspruchnahme von Sachverständigen, Betriebsversammlungen und Sprechstunden).

Aber der Betriebsrat kann auch seine gesamten Mitbestimmungs- und Mitwirkungsrechte (z.B. nach § 87 Abs. 1 Nr. 1 bis 13 BetrVG) in Form einer Regelungsabsprache ausüben. Er kann Mehrarbeit, Urlaubsplänen usw. in Form der Regelungsabsprache zustimmen.

Das Gesetz enthält *keine* direkten *Regeln für die Regelungsabrede.* Daher war zu klären, wie lange eine Reglungsabrede in Kraft bleibt oder ob sie gekündigt werden kann. Die Juristen haben eine Reihe von Spielregeln, die für die Betriebsvereinbarung gelten, auf die Regelungsabrede übertragen.

Beendigungstatbestände

Ebenso wie die Betriebsvereinbarung, kann die Regelungsabrede durch *Zweckerreichung* enden. So ist z.B. die Zustimmung zur Mehrarbeit an einem bestimmten Samstag erledigt, wenn diese geleistet worden ist.

I. Was ist eine Betriebsvereinbarung?

War die Regelungsabrede auf Dauer angelegt, kann sie, sofern nicht anderes vereinbart war, in entsprechender Anwendung des § 77 Abs. 5 BetrVG mit einer Frist von drei Monaten *gekündigt* werden (BAG v. 10.3.1992, AiB 1992, 583). Handelt es sich um eine mitbestimmungspflichtige Angelegenheit, wirkt sie entsprechend § 77 Abs. 6 BetrVG nach (BAG v. 23. 6. 1992, AiB 1992, 585).

Auch wenn der Betriebsrat sein Mitbestimmungsrecht in Form einer Regelungsabrede ausgeübt hat, kann er jederzeit den Abschluss einer Betriebsvereinbarung zum entsprechenden Thema verlangen (BAG v. 8.8.1989, AiB 1995, 102). Dies gibt ihm die Möglichkeit – notfalls über die Einigungsstelle – andere Inhalte als in der Regelungsabsprache vereinbart durchzusetzen.

Betriebsvereinbarung ist jederzeit möglich

Voraussetzung für den Abschluss einer Regelungsabrede ist – wie bei der Betriebsvereinbarung – ein *Beschluss des Betriebsrats* (LAG Hamm v. 17.10.1996 – 4 Sa 1516/95; LAG Frankfurt am Main v. 17.3.1983, DB 1984, 882; DKK-Berg, § 77 Rn. 82; Fitting, § 77 Rn. 219). Ein schlüssiges Verhalten des Betriebsrats allein reicht nicht.

Eine Betriebsvereinbarung kann nicht durch eine Regelungsabrede aufgehoben werden (BAG v. 20.11.1990, NZA 91, 426).

In bestimmten Fällen sieht das Gesetz vor, dass eine Regelung wirksam nur durch eine Betriebsvereinbarung geschlossen werden kann, z.B. die Verkleinerung des Gesamtbetriebsrats nach § 47 Abs. 4 und 5 BetrVG oder die Bildung von Betriebsräten nach § 3 BetrVG, sofern hier nicht ausschließlich ein Tarifvertrag zulässig ist (vgl. § 3 Abs. 2 BetrVG). Eine Regelungsabrede ist hier nicht möglich (Fitting, § 77 Rn. 217).

3. Freiwillige und erzwingbare Betriebsvereinbarung

Das BetrVG unterscheidet weiterhin zwischen *erzwingbaren und freiwilligen* Betriebsvereinbarungen. Erzwingbar sind Betriebsvereinbarungen in den Fällen, in denen eine Einigung zwischen Betriebsrat und Arbeitgeber durch den *Spruch einer Einigungsstelle* ersetzt werden kann. Hierzu zählen alle Fragen, in denen das Gesetz vorsieht, dass bei einer Nichteinigung zwischen Arbeitgeber und Betriebsrat die Einigungsstelle entscheidet. So heißt es z.B. in § 87 Abs. 2 BetrVG: „Kommt eine Einigung über eine Angelegenheit nach Absatz 1 nicht zustande, so entscheidet die Einigungsstelle. Der Spruch der Einigungsstelle ersetzt die Einigung zwischen Arbeitgeber und Betriebsrat" (eine Aufzählung der Gegenstände der erzwingbaren Einigungsstellenverfahren enthält das Schaubild auf der Seite 51).

Erzwingbare Betriebsvereinbarung

§ 88 BetrVG sieht vor, dass über den Bereich der erzwingbaren Mitbestimmung hinaus auch in weiteren Bereichen Betriebsvereinbarungen –

Freiwillige Betriebsvereinbarung

Themen freiwilliger Betriebsvereinbarungen

allerdings nur auf freiwilliger Basis – geschlossen werden können. Hierzu zählen insbesondere:

- zusätzliche Maßnahmen zur Verhütung von Arbeitsunfällen und Gesundheitsbeschädigungen;
- Maßnahmen des betrieblichen Umweltschutzes;
- die Errichtung von Sozialeinrichtungen, deren Wirkungsbereich auf den Betrieb, das Unternehmen oder den Konzern beschränkt ist;
- Maßnahmen zur Förderung der Vermögensbildung;
- Maßnahmen zur Integration ausländischer Arbeitnehmer sowie zur Bekämpfung von Rassismus und Fremdenfeindlichkeit.

Die Aufzählung im Gesetz ist nicht abschließend, d.h. auch in weiteren Bereichen können freiwillige Betriebsvereinbarungen geschlossen werden. Hierzu zählen:

- Vereinbarungen zur Frauenförderung; Vereinbarkeit von Familie und Erwerbstätigkeit;
- Treueprämien, Beihilfen bei Familienereignissen (z.B. Geburt eines Kindes, Sterbefall);
- Beihilfen bei längerer Krankheit;
- Zusätzliche Entgelte (z.B. Weihnachts- und Urlaubsgeld).

Mischform

In der Praxis finden sich in vielen Betriebsvereinbarungen Regelungen aus dem Bereich der erzwingbaren Mitbestimmung und freiwillige Vereinbarungen in ein und derselben Betriebsvereinbarung.

Beispiel für eine „gemischte" Betriebsvereinbarung:

> In einer Arbeitsordnung werden Fragen der Dienstkleidung und Treueprämien geregelt. Die Frage der Dienstkleidung gehört zum Bereich der erzwingbaren Mitbestimmung (BAG v. 8. 8.1989, NZA 1990, 320). Die Treueprämien unterliegen nur hinsichtlich der Verteilungsgesichtspunkte der erzwingbaren Mitbestimmung (§ 87 Abs. 1 Nr. 10, 11 BetrVG), nicht aber der Höhe nach. Die Einführung von Treueprämien könnte der Betriebsrat nicht über die Einigungsstelle erzwingen.

Unterschiede

Freiwillige und erzwingbare Betriebsvereinbarungen unterscheiden sich in ihren *Rechtswirkungen* nicht. Auch freiwillige Betriebsvereinbarungen bedürfen der *Schriftform.* Unterschiede bestehen in zweierlei Hinsicht: Gegenstände der freiwilligen Betriebsvereinbarung können nicht über die Anrufung der *Einigungsstelle* durchgesetzt („erzwungen") werden. Und sie unterscheiden sich in ihrer *Nachwirkung* (siehe unten Kapitel V.).

II. Gegenstand, Wirkung und Grenzen einer Betriebsvereinbarung

Betriebsrat und Arbeitgeber müssen beim Abschluss von Betriebsvereinbarungen Vorgaben des Gesetzgebers und der Tarifvertragsparteien beachten. In diesem Kapitel werden die möglichen Inhalte von Betriebsvereinbarungen, gesetzliche Grenzen, ihr Verhältnis zum Tarifvertrag und ihre Rechtswirkungen für die Arbeitnehmer dargestellt.

1. Gegenstand einer Betriebsvereinbarung

Gegenstand einer Betriebsvereinbarung können Normen über den Abschluss, den Inhalt und die Beendigung von Arbeitsverhältnissen sein. Auch betriebliche Fragen und betriebsverfassungsrechtliche Fragen können geregelt werden.

Eine *Abschlussnorm* ist z.B. eine Vereinbarung darüber, dass der Arbeitgeber befristete Arbeitsverhältnisse ohne sachlichen Grund bis zur Dauer eines Jahres abschließt. Nach dem Teilzeit- und Befristungsgesetz sind solche Arbeitsverhältnisse bis zur Dauer von zwei Jahren ohne sachlichen Grund möglich (§ 14 Abs. 2 TzBfG).   **Abschlussnorm**

Zu den *Inhaltsnormen* zählen z.B. Regelungen über die Arbeitszeit, das Entgelt oder auch die Arbeitskleidung.   **Inhaltsnorm**

Beendigungsnormen sind alle Vorschriften, die die Beendigung eines Arbeitsverhältnisses regeln (z.B. Kündigungsfristen, Ausschlussfristen usw.).   **Beendigungsnorm**

Regelungen über *betriebliche Fragen* sind solche, die alle Arbeitnehmer eines Betriebes betreffen; z.B. eine Betriebsvereinbarung über Torkontrollen.   **Betriebliche Fragen**

Betriebsverfassungsrechtliche Fragen kann der Betriebsrat insoweit regeln, als nicht zwingende gesetzliche Vorschriften entgegenstehen. Die Regelung über Freistellungen, die über die Staffel des § 38 BetrVG hinausgehen, ist eine Regelung zur Frage der betriebsverfassungsrechtlichen Fragen. Ebenso ist die Verkleinerung des Gesamtbetriebsrats gemäß § 47 BetrVG eine betriebsverfassungsrechtliche Frage.   **Betriebsverfassungsrechtliche Fragen**

Zu den betriebsverfassungsrechtlichen Fragen zählen ebenfalls Betriebsvereinbarungen über die *Bildung* und die *Wahl* des Betriebsrats nach § 3 BetrVG. Bisher waren solche Vereinbarungen nur durch Tarifvertrag möglich. Zudem bedurften sie der Genehmigung durch die Arbeitsministerien des Bundes bzw. der Länder. Mit der Reform der Betriebsverfassung 2001 sind die Möglichkeiten zur vom Gesetz abweichenden Betriebsratsbildung erheblich erweitert worden. Die staatliche Genehmigung ist nicht mehr notwendig. So können jetzt z.B. unternehmenseinheitliche oder Spartenbetriebsräte gebildet werden oder mehrere Betriebe zu einem Wahlkreis zusammengefasst werden.

Allerdings können diese Fragen nur eingeschränkt durch eine Betriebsvereinbarung geregelt werden. *Vorrang* hat generell der *Tarifvertrag*. Nur dort, wo es keinen speziellen Tarifvertrag zu diesen Fragen gibt und „auch kein anderer Tarifvertrag gilt", ist eine Regelung durch Betriebsvereinbarung zulässig. Wenn also z.B. ein Manteltarifvertrag im Unternehmen gilt, ist eine Regelung der Betriebsratsbildung durch Betriebsvereinbarung ausgeschlossen. Generell nur durch Tarifvertrag können „andere Arbeitnehmervertretungsstrukturen" nach § 3 Abs. 1 Nr. 3 BetrVG geschaffen werden. Dies ergibt sich aus § 3 Abs. 2 BetrVG, der für diesen Fall eine Betriebsvereinbarung nicht zulässt. So kann z.B. ein Gesamtbetriebsrat für mehrere Unternehmen nur durch Tarifvertrag gebildet werden.

Das Gesetz gibt den nach § 3 BetrVG möglichen Arbeitnehmervertretungen unterschiedliche Rechte und Pflichten.

Die gleichen Rechte und Pflichten wie ein Betriebsrat haben:

- unternehmenseinheitliche Betriebsräte,
- die durch Zusammenfassung von Betrieben zu einem „Wahlkreis" geschaffenen Betriebsräte,
- Spartenbetriebsräte,
- sowie die ausschließlich durch Tarifvertrag gebildeten „anderen Arbeitnehmervertretungsstrukturen" (z.B. unternehmensübergreifender Gesamtbetriebsrat).

Über die Rechtsstellung von

- unternehmensübergreifenden Arbeitsgemeinschaften von Betriebsräten
- oder sonstigen zusätzlichen Arbeitnehmervertretungen, die die Zusammenarbeit zwischen Arbeitnehmern und Betriebsrat erleichtern sollen,

schweigt das Betriebsverfassungsgesetz.

Deren Rechtsstellung muss in der Betriebsvereinbarung (bzw. im Tarifvertrag) geklärt werden. Regelungen zum Schutz dieser Arbeitnehmervertreter vor Nachteilen sollten extra vereinbart werden. Dies umfasst den Kündigungsschutz, die Entgeltfortzahlung während der Arbeit in diesen Gremien und mögliche Weiterbildungsansprüche.

II. Gegenstand, Wirkung und Grenzen einer Betriebsvereinbarung

2. Wirkung von Betriebsvereinbarungen

Die in einer Betriebsvereinbarung enthaltenen Normen gelten unmittelbar und zwingend für alle Arbeitnehmer, die unter ihren Geltungsbereich fallen (§ 77 Abs. 4 BetrVG). Betriebsvereinbarungen haben damit praktisch dieselbe Wirkung wie ein Gesetz. Sie sind die *Gesetze des Betriebes*.

Unmittelbare und zwingende Wirkung

Rechte aus einer Betriebsvereinbarung sind unabdingbar. Das bedeutet, dass sie nicht einseitig vom Arbeitgeber zu Lasten der Arbeitnehmer geändert werden können. Aber auch, wenn ein Arbeitnehmer mit einem Arbeitgeber einen Vertrag über den Verzicht auf Rechte aus einer Betriebsvereinbarung schließt, ist dieser nicht wirksam (§ 77 Abs. 4 BetrVG).

Unabdingbare Rechte

Beispiel für die Unabdingbarkeit von Rechten aus einer Betriebsvereinbarung:

> In einer Betriebsvereinbarung ist ein zusätzliches Weihnachtsgeld von 500,00 € für alle Arbeitnehmer festgelegt. Der Arbeitgeber behauptet, es ginge ihm finanziell schlecht. Er könne das Weihnachtsgeld nicht zahlen. Eine Reihe von Arbeitnehmern schließt aus Angst um den Arbeitsplatz Verträge, in denen sie auf das Weihnachtsgeld verzichten. Diese Verträge verstoßen gegen § 77 Abs. 4 BetrVG. Sie sind unwirksam. Die Arbeitnehmer können die Zahlung des Weihnachtsgeldes trotz der abgeschlossenen Verträge verlangen.

Ein *Verzicht* auf die Rechte aus einer Betriebsvereinbarung ist *nur mit Zustimmung des Betriebsrates* möglich. „Der Betriebsrat kann seine nach § 77 Abs. 4 Satz 2 BetrVG erforderliche Zustimmung zu dem Verzicht eines Arbeitnehmers auf Rechte aus einer Betriebsvereinbarung formlos erteilen. Er muss aber unmissverständlich zum Ausdruck bringen, dass er mit dem Verzicht einverstanden ist. Es genügt nicht, dass sich der Betriebsrat aus der Angelegenheit heraushalten will und „eine neutrale Haltung" einnimmt (BAG v. 3.6.1997, AP Nr. 69 zu § 77 BetrVG).

Verzicht auf Rechte

Die Rechte können nicht verwirkt werden. Auch wenn Beschäftigte längere Zeit Ansprüche aus einer Betriebsvereinbarung nicht geltend machen, verlieren sie ihre Rechte nicht.

Keine Verwirkung von Rechten

Beispiel für die zeitlich verzögerte Geltendmachung von Rechten:

> Gemäß einer Betriebsvereinbarung erhalten die Beschäftigten zum 25-jährigen Firmenjubiläum eine Prämie. Ein Arbeitnehmer feiert dies Jubiläum, nimmt aber den Zuschuss nicht in Anspruch. Ein Jahr später macht er den Anspruch geltend. Der Arbeitgeber verweigert mit der Begründung, der Anspruch hätte gleich geltend ge-

macht werden müssen, die Zahlung. Da die Verwirkung nach § 77 Abs. 4 BetrVG ausgeschlossen ist, kann der Arbeitnehmer auch nach einem Jahr noch die Zahlung verlangen.

Ausschlussfristen sind erlaubt

Allerdings können in einer Betriebsvereinbarung *Ausschlussfristen* vereinbart werden. Dann müssen Arbeitnehmer die Ansprüche innerhalb der Frist, z.B. binnen drei Monaten geltend machen. Andernfalls ist der Anspruch nicht mehr durchsetzbar. Anschlussfristen aus Tarifverträgen können auch auf Ansprüche aus Betriebsvereinbarungen Anwendung finden. Dies hängt von der Formulierung im jeweiligen Tarifvertrag ab. Die *gesetzlichen Verjährungsregelungen* (§§ 194 ff. BGB) gelten auch für Ansprüche aus Betriebsvereinbarungen.

Günstigkeitsprinzip

Im Verhältnis zum Arbeitsvertrag eines einzelnen Arbeitnehmers gilt das Günstigkeitsprinzip. Hat ein Arbeitnehmer bessere arbeitsvertragliche Vereinbarungen mit dem Arbeitgeber getroffen, werden diese durch eine Betriebsvereinbarung nicht berührt (BAG v. 16.9.1986, AiB 1987, 114 und AiB 1986, 233). Eine Ausnahme gilt dann, wenn im Arbeitsvertrag vereinbart worden ist, dass Regelungen aus einer Betriebsvereinbarung die Festlegungen im Arbeitsvertrag verdrängen. Der Arbeitsvertrag tritt, wie die Juristen sagen, hinter die Betriebsvereinbarung zurück (BAG v. 16.9.1986, a.a.O.). Enthält der Arbeitsvertrag allerdings ungünstigere Vereinbarungen als die Betriebsvereinbarung, gilt die Betriebsvereinbarung. Schwierig zu beantworten kann die Frage sein, ob Regelungen im Arbeitsvertrag oder in der Betriebsvereinbarung günstiger sind. Dabei dürfen nur Regelungen aus derselben Sachgruppe (Äpfel mit Äpfeln und Birnen mit Birnen) verglichen werden. So kann zum Beispiel eine Absenkung von Entgelten nicht mit einer Beschäftigungsgarantie verglichen werden (vgl. DKK-Berg, § 77 Rn. 19).

3. Grenzen der Betriebsvereinbarung

Der Regelungsmacht von Betriebsrat und Arbeitgeber sind Grenzen gezogen.

3.1. Beachtung zwingenden Rechts sowie der Grundrechte

Kein Abweichen von zwingenden Gesetzesnormen

Von zwingenden gesetzlichen Vorschriften kann in einer Betriebsvereinbarung nicht abgewichen werden. Nicht jeder Norm ist auf den ersten Blick anzusehen, ob sie zwingend ist oder nicht. Beispielsweise bestimmt § 4 Abs. 1 EFZG, dass die gesetzliche Höhe der Vergütung im Krankheitsfall 100% beträgt. Diese Höhe kann durch eine Betriebsvereinbarung nicht unterschritten werden. § 12 EFZG schreibt vor, dass von dieser Vorschrift nicht zuungunsten von Arbeitnehmern abgewichen werden darf. Dort, wo das Gesetz nicht selbst ausdrücklich fest-

II. Gegenstand, Wirkung und Grenzen einer Betriebsvereinbarung

legt, ob eine Vorschrift zwingend ist oder nicht, wird dies im Wege der Auslegung ermittelt.

Für die Praxis von besonderer Bedeutung sind die gesetzlichen *Diskriminierungsverbote* für Arbeitnehmer in *Teilzeit* oder mit einem *befristeten Arbeitsvertrag* (§ 4 TzBfG). So sind z.B. teilzeitbeschäftigten Arbeitnehmern Entgelt oder andere geldwerte Leistungen mindestens in dem Umfang zu gewähren, der dem Anteil ihrer Arbeitszeit an der Arbeitszeit vergleichbarer vollzeitbeschäftigter Arbeitnehmer entspricht. Danach sind z.B. Betriebsvereinbarungen, die Beschäftigte mit sog. Mini-Jobs (sog. 400-€-Kräfte) von vermögenswirksamen Leistungen, Jubiläumszahlungen usw. ausschließen, unwirksam. Ebenfalls zu beachten sind die Bestimmungen des neuen Allgemeinen Gleichbehandlungsgesetzes (AGG). Danach sind Benachteiligungen aus Gründen der „Rasse" oder wegen der ethnischen Herkunft, des Geschlechts, der Religion oder Weltanschauung, einer Behinderung, des Alters oder der sexuellen Identität nicht zulässig (§§ 1, 7 AGG). Allerdings enthält das AGG eine Reihe von Ausnahmetatbeständen. So ist z.B. eine unterschiedliche Behandlung wegen beruflicher Anforderungen (§ 8 AGG), wegen Religion oder Weltanschauung (§ 9 AGG) oder auch wegen Alters (§ 10 AGG) unter bestimmten Voraussetzungen zulässig.

Werden geldwerte Leistungen in einer Betriebsvereinbarung von der Dauer der Betriebszugehörigkeit abhängig gemacht, müssen für Arbeitnehmer mit befristeten und nicht befristeten Arbeitsverträgen dieselben Anspruchsvoraussetzungen gelten. Ist z.B. ein zusätzliches Weihnachtsgeld davon abhängig, dass Arbeitnehmer mindestens zwölf Monate dem Betrieb angehören, können Arbeitnehmer mit einem befristeten Vertrag von 18 Monaten nicht von der Zahlung ausgeschlossen werden.

Auch an die Grundrechte sind die Betriebsparteien gebunden (vgl. BAG v. 20.11.1987, AiB 1988, 290; BAG GS v. 7.11.1989, AP Nr. 46 zu § 77 BetrVG 1992; DKK-Berg, § 77 Rn. 9 m.w.N.). Eine Betriebsvereinbarung, die gegen das Gebot der Gleichbehandlung von Männern und Frauen (vgl. Art. 3 Abs. 2 GG) verstößt, wäre unwirksam. Die Grundrechte haben ihren Niederschlag in § 75 BetrVG gefunden. Danach hat jede unterschiedliche Behandlung von Personen wegen ihrer

Grundrechtsbindung

- Abstammung,
- Religion,
- Nationalität,
- Herkunft,
- politischen oder gewerkschaftlichen Betätigung oder Einstellung oder
- wegen ihres Geschlechts oder
- ihrer sexuellen Identität

zu unterbleiben. Zudem ist eine Benachteiligung auf Grund des Alters untersagt.

Die *freie Entfaltung der Persönlichkeit* darf durch eine Betriebsvereinbarung nicht beeinträchtigt werden. Eine Betriebsvereinbarung, die die Teilnahme an einem Betriebsfest vorschreiben würde, wäre unwirksam (BAG v. 4.12.1970, AP Nr. 5 zu § 7 BUrlG). Eine Betriebsvereinbarung, die eine flächendeckende Videoüberwachung der Arbeitnehmer rund um die Uhr vorsieht, wäre unwirksam, da sie gegen das allgemeine Persönlichkeitsrecht der Arbeitnehmer verstößt (BAG v. 14.12.2004, AuR 2005, 456). Auch kann durch Betriebsvereinbarung nicht vorgeschrieben werden, wie ein Arbeitnehmer sein Entgelt verwendet.

Keine Beseitigung von entstandenen Ansprüchen

Sind Ansprüche von Arbeitnehmern gegenüber dem Arbeitgeber entstanden, können diese durch Betriebsvereinbarung nicht beseitigt werden (vgl. Fitting, § 77 Rn. 59). Keine Rolle spielt dabei, ob die Ansprüche des einzelnen Arbeitnehmers auf einer Betriebsvereinbarung beruhen oder einer Vereinbarung im Arbeitsvertrag.

Beispiel für die Grenzen einer Betriebsvereinbarung:

> Aufgrund einer Betriebsvereinbarung steht allen Arbeitnehmern, die am 1. November eines Jahres im Betrieb beschäftigt sind, ein 13. Gehalt zu. Es muss Ende November mit dem normalen Entgelt ausgezahlt werden. Der Arbeitgeber zahlt nur das normale Entgelt. Am 5. Dezember tritt er an den Betriebsrat heran. Er möchte eine Betriebsvereinbarung schließen, die für dieses Jahr die Zahlung des 13. Gehalts aussetzt. Dies sei auf Grund der wirtschaftlichen Schwierigkeiten des Unternehmens zur Sicherung der Arbeitsplätze notwendig. Eine solche Betriebsvereinbarung wäre nicht zulässig und rechtsunwirksam. Der Anspruch auf die Jahressonderzahlung ist für alle Arbeitnehmer, die am 1. November im Betrieb beschäftigt waren, entstanden und auch fällig, d.h. sie könnte gerichtlich geltend gemacht werden. Zulässig wäre, die Zahlung des 13. Gehalts für das Folgejahr auszusetzen.

Unzulässige Stundung

Auch eine Stundung, d.h. ein Aufschub der Zahlung von entstandenen Ansprüchen, durch eine Betriebsvereinbarung ist nicht zulässig. Dies gilt auch in wirtschaftlichen Krisensituationen (LAG Baden-Württemberg, BB 1977, 996; Fitting, § 77 Rn. 59).

3.2. Tarifvorbehalt des § 77 Abs. 3 BetrVG

Ziele vieler Arbeitgeber

Das Betriebsverfassungsgesetz regelt an zwei Stellen das Verhältnis von Tarifvertrag und Betriebsvereinbarung. Dabei werden der Regelungsmacht von Arbeitgeber und Betriebsrat Grenzen gesetzt. Hier handelt es sich um ein Thema, das in den letzten Jahren viel diskutiert wurde. Arbeitgeber versuchen, vor dem Hintergrund der Wirtschaftskri-

II. Gegenstand, Wirkung und Grenzen einer Betriebsvereinbarung

se Tarifverträge auszuhöhlen. Begründet wird dies mit der angeblich fehlenden Flexibilität der Tarifverträge. Real geht es dabei um eine *Absenkung der Arbeitskosten,* indem durch Betriebsvereinbarungen zu Lasten der Arbeitnehmer von Tarifverträgen nach unten abgewichen werden soll.

Was sagt nun das Gesetz über das Verhältnis von Tarifvertrag und Betriebsvereinbarung? Zum einen wird durch § 77 Abs. 3 BetrVG bestimmt, dass Arbeitsentgelte und sonstige Arbeitsbedingungen, die durch Tarifvertrag geregelt sind, oder üblicherweise geregelt werden, nicht Gegenstand einer Betriebsvereinbarung sein können. § 87 Abs. 1 Einleitungssatz BetrVG legt fest, dass der Betriebsrat nur soweit bei den in § 87 BetrVG genannten sozialen Angelegenheiten mitzubestimmen hat, wie eine gesetzliche oder tarifliche Regelung nicht besteht.

Unterschiedliche Regelungsinhalte

Man könnte auf den Gedanken kommen, dass beide Vorschriften das Gleiche sagen, eine Klärung also überflüssig ist. Aber schon vom Wortlaut her unterscheiden sich die Vorschriften. Der Tarifvorbehalt des § 77 Abs. 3 BetrVG greift schon, wenn eine Angelegenheit üblicherweise in einem Tarifvertrag geregelt wird. Der Tarif- und Gesetzesvorrang des § 87 Abs. 1 Einleitungssatz BetrVG greift hingegen erst, wenn tatsächlich eine gesetzliche oder tarifliche Regelung besteht. Das Bundesarbeitsgericht hat den Anwendungsbereich weiter abgegrenzt. Danach ist der *allgemeine Tarifvorbehalt* in § 77 Abs. 3 BetrVG nicht auf die Mitbestimmungsrechte des § 87 Abs. 1 BetrVG anzuwenden. Bei diesen gilt allein die Beschränkung, dass eine gesetzliche oder tarifliche Regelung nicht bestehen darf.

Vom *Tarifvorbehalt des § 77 Abs. 3 BetrVG* wird zum einen das *Arbeitsentgelt* erfasst. Hierzu zählen, neben dem reinen Entgelt auch Provisionen, Zulagen aller Art, Gewinnbeteiligungen usw (vgl. DKK-Berg, § 77 Rn. 64). Zu den sonstigen Arbeitsbedingungen gehören alle sog. Inhaltsnormen, die Gegenstand eines Tarifvertrages sein können. Dies umfasst z.B. die Arbeitszeit, den Urlaub, Ort und Auszahlung von Arbeitsentgelt, Ausschlussfristen (BAG v. 9.4.1991, AiB 1995, 178, 734; vgl. DKK-Berg, § 77 Rn. 63 f. m.w.N.).

Der Tarifvorbehalt des § 77 Abs. 3 BetrVG greift unabhängig davon, ob ein Arbeitgeber tarifgebunden ist oder nicht (BAG v. 22.3.2005; NZA 06, 383).

Tarifbindung des Arbeitgebers ist unerheblich

Beispiel für eine unwirksame Betriebsvereinbarung wegen Verstoß gegen den allgemeinen Tarifvorbehalt des § 77 Abs. 3 BetrVG:

> In einem nicht tarifgebundenen Metallunternehmen schlossen Betriebsrat und Arbeitgeber eine Betriebsvereinbarung, nach der für alle Arbeitnehmer die Weihnachtsgratifikation von 50 auf 55% des Entgelts erhöht werden sollte. Daneben wurden für einen Zeitraum von zwei Jahren prozentuale Entgelterhöhungen festgelegt. Diese waren gestaffelt.
>
> In der Folgezeit teilte das Unternehmen mit, dass es auf Grund wirtschaftlicher Schwierigkeiten nicht in der Lage sei, das Weihnachtsgeld auf 55 % zu erhöhen. Auch die prozentuale Erhöhung der Entgelte müsse verschoben werden. Der Betriebsrat bestand auf der Einhaltung der Betriebsvereinbarung. Der Arbeitgeber zahlte trotzdem nicht.
>
> Das BAG (v. 24.1.1996, AiB 1997, 110) hat in diesem Fall festgestellt, dass die Betriebsvereinbarung wegen des Verstoßes gegen § 77 Abs. 3 BetrVG unwirksam ist. Auch wenn der Arbeitgeber nicht tarifgebunden sei, so sei doch die Regelung von Weihnachtsgeld und Entgelterhöhungen tarifüblich. Beide Bereiche seien in einem Tarifvertrag der IG Metall geregelt. Weiter hat das BAG seine Entscheidung wie folgt begründet: „Gem. § 77 Abs. 3 BetrVG können Arbeitsentgelte und sonstige Arbeitsbedingungen, die durch Tarifvertrag geregelt sind oder üblicherweise geregelt werden, nicht Gegenstand einer Betriebsvereinbarung sein. Die Vorschrift soll die Funktionsfähigkeit der Tarifautonomie gewährleisten, indem sie den Tarifvertragsparteien den Vorrang zur Regelung von Arbeitsbedingungen einräumt. Diese Befugnis soll nicht dadurch ausgehöhlt werden, dass Arbeitgeber und Betriebsrat ergänzende oder abweichende Regelungen vereinbaren. Es geht um die Sicherung der ausgeübten und aktualisierten Tarifautonomie (…). Ausgehend von diesem Normzweck kann die Sperrwirkung nicht davon abhängen, ob ein Arbeitgeber tarifgebunden ist oder nicht. Es soll vorrangig Aufgabe der Tarifpartner sein, Arbeitsbedingungen kollektivrechtlich zu regeln. Die Funktionsfähigkeit der Tarifautonomie würde auch dann gestört, wenn die nicht tarifgebundenen Arbeitgeber kollektivrechtliche „Konkurrenzregelungen" in der Form von Betriebsvereinbarungen erreichen könnten. Soweit ein Bedürfnis nach betriebsnaher Regelung besteht, stehen Firmentarifverträge als kollektives Gestaltungsmittel zur Verfügung; darüber hinaus können ergänzende Betriebsvereinbarungen durch entsprechende tarifliche Öffnungsklauseln zugelassen werden. Es entspricht daher zu Recht ganz überwiegender Auffassung, dass die Sperrwirkung auch Betriebe nicht tarifgebundener Arbeitgeber erfasst (…)."

Konsequenzen einer unwirksamen Betriebsvereinbarung

Generell gilt, dass Arbeitnehmer keine Ansprüche aus unwirksamen Betriebsvereinbarungen herleiten können. Diese können in der Regel auch nicht in eine vertragliche Zusage auf Zahlung der in der unwirksamen Betriebsvereinbarung vorgesehenen Beträge umgedeutet werden

II. Gegenstand, Wirkung und Grenzen einer Betriebsvereinbarung

(LAG Köln v. 17.4.1996, NZA-RR, 1997, 12; vgl. BAG v. 29.10.2002, NZA 03, 393 f.).

Verstößt also eine Betriebsvereinbarung gegen § 77 Abs. 3 BetrVG, laufen die Arbeitnehmer Gefahr, dass sie, wenn sie die Leistungen einklagen wollen, leer ausgehen. Der Betriebsrat hat dann beim Abschluss einer solchen Betriebsvereinbarung mit Zitronen gehandelt.

Etwas anderes gilt dann, wenn und soweit der Tarifvertrag den Abschluss ergänzender Betriebsvereinbarungen ausdrücklich zulässt, d.h. *Öffnungsklauseln* enthält (§ 77 Abs. 3 Satz 2 BetrVG). Betriebsvereinbarungen, die auf tarifvertraglichen Öffnungsklauseln beruhen, sind wirksam. Allerdings enthalten viele tarifliche Öffnungsklauseln Vorgaben für Betriebsvereinbarungen. Diese müssen beachtet werden.

3.3 Gesetzes- und Tarifvorrang gemäß § 87 Abs. 1 Einleitungssatz BetrVG

Nach der Rechtsprechung des BAG entfaltet § 77 Abs. 3 BetrVG keine Wirkung, wenn und soweit die in § 87 Abs. 1 BetrVG genannten Mitbestimmungsrechte betroffen sind. In diesem Fall ist allein der Gesetzes- und Tarifvorrang des § 87 Abs. 1 BetrVG maßgebend (BAG GS v. 3.12.1991, AiB 1992, 575; BAG v. 24.1.1996, AiB 1997, 110, vgl. BAG v. 9.3.2003 – 1 ABR 52/02 juris; vgl. DKK-Berg, § 77 Rn. 66 m.w.N.).

Nach § 87 Abs. 1 Einleitungssatz greifen die Mitbestimmungsrechte nur, soweit eine gesetzliche oder tarifliche Regelung nicht besteht. Auf die Frage, ob eine Angelegenheit üblicherweise von einem Tarifvertrag geregelt wird, kommt es hier, im Unterschied zu § 77 Abs. 3 BetrVG, nicht an.

Schranke des § 87 Abs. 1 BetrVG

Wann aber enthält nun ein Gesetz oder ein Tarifvertrag eine Regelung, welche die Mitbestimmung nach § 87 Abs. 1 Einleitungssatz BetrVG ausschließt? Die Sperrwirkung eines Tarifvertrages im Bereich der erzwingbaren Mitbestimmung des § 87 BetrVG ist an eine Reihe von Voraussetzungen geknüpft, die die Rechtsprechung (BAG v. 24.2.1987, AP Nr. 21 zu § 77 BetrVG 1972; BAG GS v. 3.12.1991, AiB 1992, 575; vgl. DKK-Klebe, § 87 Rn. 25 f.) aufgestellt hat:

- Der *Tarifvertrag muss in Kraft sein.* Ein nachwirkender Tarifvertrag, der ausgelaufen ist, steht dem Mitbestimmungsrecht des Betriebsrats nicht entgegen.

Voraussetzungen einer Sperrwirkung

- Weiterhin muss der Tarifvertrag *auf den Betrieb anwendbar* sein. Hierbei genügt die *Tarifbindung des Arbeitgebers.* Wie viele Arbeitnehmer tarifgebunden (d.h. Mitglied einer Gewerkschaft) sind, ist dabei nicht entscheidend. Anwendbar ist ein Tarifvertrag auch, wenn er allgemeinverbindlich ist. Ein *allgemeinverbindlicher* Tarifvertrag gilt für alle Arbeitgeber und Arbeitnehmer in einem Tarifgebiet, unabhängig von ihrer Mitgliedschaft in Arbeitgeberverband oder Gewerkschaft (§ 5 TVG). Ebenso muss ein Gesetz nach seinem Geltungsbereich auf den Betrieb anwendbar sein.

- Weiterhin entfällt das Mitbestimmungsrecht nur, soweit ein *Tarifvertrag eine Frage abschließend regelt*. Lässt der Tarifvertrag ausdrücklich oder im Wege der Auslegung weitere Regelungen zu, greift seine Sperrwirkung nicht. Der Tarifvertrag muss also so genaue Regeln enthalten, dass er ohne Weiteres angewandt werden kann. Gleiches gilt für den Gesetzesvorrang.

1. Beispiel für die Sperrwirkung eines Tarifvertrages:

> In einem Betrieb müssen Teilzeitbeschäftigte Urlaubs- und Krankheitsvertretungen leisten. Dabei müssen sie auch ganztägig arbeiten. Dies kommt ca. drei bis vier Monate im Jahr vor. Der anwendbare Tarifvertrag legt fest, dass Mehrarbeit nur die Arbeitszeit ist, die über die Arbeitszeit vergleichbarer Vollzeitbeschäftigter hinausgeht. Weiterhin legt der Tarifvertrag die Zuschläge fest. Der Betriebsrat hat sein Mitbestimmungsrecht nach § 87 Abs. 1 Nr. 3 BetrVG geltend gemacht. Er war der Meinung, dass er bei der Verlängerung der Arbeitszeit der Teilzeitbeschäftigten mitzubestimmen habe. Der Arbeitgeber sah dies anders. Schließt diese Regelung im Tarifvertrag die Mitbestimmung bei der Leistung von Mehrarbeit von Teilzeitbeschäftigten aus?
>
> Nein, so das BAG (v. 23.7.1996, AiB 1997, 354). Die Regelung im Tarifvertrag sei nicht abschließend. Sie regelt nur die Frage, wann Mehrarbeit von Teilzeitbeschäftigten zuschlagpflichtig sei.

2. Beispiel für die Sperrwirkung eines Tarifvertrages:

> Der auf den Betrieb anwendbare Tarifvertrag sieht die 38-Stunden-Woche vor. Diese ist im Durchschnitt eines Jahres zu erreichen. Den Betriebsparteien steht es frei, innerhalb eines Arbeitszeitkorridors betrieblich eine Arbeitszeit von 30 bis 43 Stunden zu vereinbaren. Betriebsrat und Arbeitgeber legen in einer Betriebsvereinbarung einen Arbeitszeitkorridor von 30 bis 45 Stunden und eine Arbeitszeit von durchschnittlich 39 Stunden pro Woche fest.
>
> Die Betriebsvereinbarung ist auf Wunsch des Arbeitgebers geschlossen worden. Er hatte behauptet, dies sei zur Sicherung der Arbeitsplätze notwendig. Zwar schreibe der Betrieb schwarze Zahlen, sie seien aber nicht schwarz genug. Es drohe eine Produktionsverlagerung.
>
> Die Betriebsvereinbarung ist unwirksam. Der Tarifvertrag enthält im Hinblick auf die Wochenarbeitszeit und den Arbeitszeitkorridor abschließende Regelungen.

II. Gegenstand, Wirkung und Grenzen einer Betriebsvereinbarung

In vergangenen Jahren ist es immer wieder zum Streit darüber gekommen, ob und wie weit Betriebsvereinbarungen – insbesondere in Arbeitszeitfragen – zulässigerweise von einem Tarifvertrag abweichen dürfen. Nicht alle Fälle sind vor den Gerichten ausgetragen worden. Schließlich gilt auch im Arbeitsrecht der Satz „Wo kein Kläger, da kein Richter".

Vor allen juristischen Überlegungen sollte der Betriebsrat Folgendes berücksichtigen: Tarifverträge sichern ein bestimmtes Mindestniveau an Arbeitsbedingungen. Werden diese durch Betriebsvereinbarungen in vielen Fällen unterschritten, wird auf Dauer auch das Niveau des Tarifvertrages gesenkt. Ein solches Verhalten erleichtert Arbeitgebern die Tarifverhandlungen. Sie können dann argumentieren, dass im Tarifvertrag doch nur das nachvollzogen werden solle, was in der Praxis ohnehin schon üblich sei.

Hinweis für die Praxis

Beispiel für die Folgen einer Abweichung von Tarifverträgen:

> Ein Tarifvertrag sieht die 38-Stunden-Woche vor. Haben Betriebsräte in vielen Fällen Betriebsvereinbarungen geschlossen, die eine wöchentliche Arbeitszeit von 40 Stunden vorsehen, wird es in den nächsten Tarifverhandlungen schwierig werden, die Arbeitszeit weiterhin bei 38 Stunden zu halten.

Zudem setzt ein Tarifvertrag auch *Standards für die nicht tarifgebundenen Unternehmen.* Je weiter in diesen durch Betriebsvereinbarungen vom Tarifvertrag nach unten abgewichen wird, desto größer wird auch der Druck auf den Tarifvertrag.

Was, wenn nun ein Betriebsrat aufgrund seiner konkreten Erfahrungen im Betrieb zu dem Ergebnis kommt, dass tarifvertragliche Regelungen im Einzelfall Lösungen, die der Betriebsrat für sinnvoll erachtet, im Wege stehen? Der Betriebsrat sollte aus politischen und juristischen Gründen nicht vom Tarifvertrag abweichen. Er sollte versuchen, seine Position in die Tarifverhandlungen seiner Gewerkschaft einzubringen und so den Tarifvertrag zu verändern.

Aktive Mitarbeit bei den Tarifverhandlungen

III. Geltungsbereich einer Betriebsvereinbarung

Der Geltungsbereich einer Betriebsvereinbarung legt fest, für wen die Betriebsvereinbarung Anwendung findet. Dabei wird zwischen dem räumlichen, persönlichen und fachlichen Geltungsbereich unterschieden.

1. Räumlicher Geltungsbereich

Zuständigkeit des Betriebsrats setzt Grenzen

Räumlich gilt die Betriebsvereinbarung für den Betrieb, die Betriebe des Unternehmens oder Konzerns, für die sie abgeschlossen wurde. Der einzelne Betriebsrat kann nur für den Betrieb, für den er gewählt wurde, eine Betriebsvereinbarung abschließen. Bei einem Außendienstbetriebsrat kann die Betriebsvereinbarung für ganz Deutschland gelten, wenn er für den gesamten Außendienst in der Bundesrepublik gewählt wurde.

Außerhalb der Bundesrepublik Deutschland gelten Betriebsvereinbarungen nicht. Die Anwendung des Betriebsverfassungsgesetzes ist auf Deutschland beschränkt. Betriebsvereinbarungen können daher nicht für Niederlassungen im Ausland abgeschlossen werden, gleich ob sie einer Zentrale in Deutschland unterstellt sind oder nicht. Dies kann – jedenfalls rechtlich verbindlich – auch nicht durch eine Betriebsvereinbarung vorgesehen werden (vgl. zur sog. Ausstrahlung Kapitel III. 2.).

Nach § 50 Abs. 1 BetrVG ist der Gesamtbetriebsrat auch zuständig für Betriebe ohne Betriebsrat. Damit gelten auch Gesamtbetriebsvereinbarungen für diese Betriebe. Voraussetzung ist, dass es sich um Gesamtbetriebsvereinbarungen handelt, die der GBR im Rahmen seiner eigenen originären Zuständigkeit abgeschlossen hat, weil sie das Gesamtunternehmen betreffen und nicht durch die örtlichen Betriebsräte geregelt werden können. Wird der GBR im Auftrag der örtlichen Betriebsräte tätig, gelten solche Gesamtbetriebsvereinbarungen nicht für *betriebsratslose Betriebe.*

2. Persönlicher Geltungsbereich

Geltung für alle Arbeitnehmer

Betriebsvereinbarungen gelten grundsätzlich für alle Arbeitnehmer eines Betriebes. Ausgenommen sind die *leitenden Angestellten* (§ 5 Abs. 3 BetrVG). Auch für Geschäftsführer, Vorstände, Gesellschafter usw. gelten Betriebsvereinbarungen nicht (§ 5 Abs. 2 BetrVG). Nicht ausgeschlossen von einer Betriebsvereinbarung sind Arbeitnehmer mit *be-*

fristeten Verträgen und *Arbeitnehmer mit sog. Mini-Jobs* (400-€-Kräfte). Auch diese Arbeitnehmergruppen werden vom Betriebsrat vertreten.

Der Geltungsbereich kann aber auch auf bestimmte Arbeitnehmergruppen (z.B. Schichtarbeitnehmer, Außendienst, Fahrpersonal) beschränkt werden.

Beschränkter Geltungsbereich

Für den persönlichen Geltungsbereich einer Betriebsvereinbarung ist ohne Belang, wie viel ein Arbeitnehmer verdient. Auch für einen IT-Spezialisten oder Außendienstler mit einem Jahreseinkommen von 75.000 € und mehr können Betriebsvereinbarungen abgeschlossen werden. Voraussetzung ist nur, dass es sich weder um einen leitenden Angestellten noch um einen Geschäftsführer oder Vorstand handelt. Auch diese Arbeitnehmer werden nach dem Willen des Gesetzes vom Betriebsrat vertreten.

Verdiensthöhe entscheidet nicht

Manche Betriebsräte stellen sich auf den Standpunkt, dass Leute mit solchen Einkommen sich schon selbst vertreten könnten. Auch die Betroffenen haben zum Teil diese Einschätzung. Gefördert wird dies z.T. von der Geschäftsleitung. Eine mögliche Folge ist, zumindest in mittleren und größeren Betrieben, eine Spaltung der Arbeitnehmer im Betrieb. Eine derartige Spaltung stärkt nicht die Position des Betriebsrats.

Hinweis für die Praxis

Vielfach wird beim Geltungsbereich nicht sachlich nach bestimmten Arbeitnehmergruppen sowie den Problemen, die zu regeln sind, unterschieden. Entscheidendes Kriterium ist vielmehr, ob Mitarbeiter von einem Tarifvertrag erfasst werden oder nicht. Jedoch sind der Geltungsbereich eines Tarifvertrages und einer Betriebsvereinbarung zwei Paar Schuhe. Auch wenn ein Arbeitnehmer über Tarif verdient, kann und sollte er vom Betriebsrat vertreten werden.

Was ist mit Mitarbeitern, die *vorübergehend ins Ausland entsandt* worden sind? Können sie sich auf die Rechte aus einer Betriebsvereinbarung berufen, obwohl das Betriebsverfassungsgesetz im Ausland nicht gilt? Kann ihr Auslandseinsatz mittels einer Betriebsvereinbarung geregelt werden? Ja, denn hier geht es nicht um eine Frage der Ausweitung des Geltungsbereichs auf das Ausland, sondern um eine sog. Ausstrahlung. Entscheidend ist hierbei, ob ein Mitarbeiter nur vorübergehend ins Ausland entsandt wird (BAG v. 30.1.1990, AiB 1990, 259; vgl. DKK-Trümner, § 1 Rn. 23 f.).

Auslandseinsatz

Beispiel für die Geltung einer Betriebsvereinbarung für im Ausland tätige Arbeitnehmer:

> In München ist die Kaffee-Forschungsabteilung eines Unternehmens beheimatet. Diese ist die zentrale Forschungsabteilung für die gesamte Welt. Die Mitarbeiter dieser Abteilung sind ab und zu für ein paar Tage, z.T. aber auch für ein bis zwei Monate in anderen Firmen des Konzerns rund um den Globus tätig. Für sie gelten weiterhin alle Betriebsvereinbarungen, die der Betriebsrat in München abgeschlossen hat. Auch Zulagen, die diesen Mitarbeitern für ihren Auslandseinsatz gezahlt werden, unterliegen der Mitbestimmung des Betriebsrats (vgl. BAG v. 30.1.1990, AiB 1990, 259).

In vielen Unternehmen sind Arbeitnehmer von anderen Unternehmen tätig. Dies können Beschäftigte von *Leiharbeitsfirmen* sein, aber auch Arbeitnehmer, die im Rahmen von Werkverträgen tätig werden. Gelten Betriebsvereinbarungen auch für diese Arbeitnehmer? Grundsätzlich nein.

Arbeitnehmer von Leiharbeitsfirmen sind keine Arbeitnehmer des Betriebes, an den sie ausgeliehen wurden. Der Betriebsrat des Entleiherbetriebes hat nach § 14 AÜG nur sehr eingeschränkte Rechte im Hinblick auf Leiharbeitnehmer.

Soweit allerdings die Leiharbeitnehmer dem Direktionsrecht des Entleiherbetriebes unterliegen, z.B. bei der Arbeitszeit oder in Fragen der Ordnung des Betriebes (z.B. Torkontrollen), gelten die zu diesen Themenbereichen abgeschlossenen Betriebsvereinbarungen auch für die Leiharbeitnehmer (Fitting, § 77 Rn. 35; vgl. BAG v. 19.6.2001, NZA 2001, 1263).

Ein Weg, die Anwendung der wichtigsten Betriebsvereinbarungen auch auf die Arbeitnehmer von Fremdfirmen sicherzustellen, ist die Aufnahme einer Klausel in eine Betriebsvereinbarung, nach der der Arbeitgeber auf eine Fremdfirma so einzuwirken hat, dass die Inhalte der Betriebsvereinbarung auch von der Fremdfirma eingehalten werden müssen. Es steht dem Arbeitgeber frei, seine Verträge mit den Fremdfirmen entsprechend zu gestalten.

3. Fachlicher Geltungsbereich

Betroffener Personenkreis

Der fachliche Geltungsbereich legt fest, für wen die Betriebsvereinbarung fachlich gilt. Der Anwendungsbereich der Betriebsvereinbarung kann auf bestimmte Abteilungen oder Betriebsbereiche wie Verkauf, Schlosserei, Informations- und Kommunikationsabteilung beschränkt werden.

III. Geltungsbereich einer Betriebsvereinbarung

Beispiel für die Regelung des Geltungsbereichs in einer Betriebsvereinbarung:

Diese Betriebsvereinbarung gilt für

a. räumlich:
das Werk Hamburg (die Betriebe ..., alle Betriebe, alle Konzernunternehmen, ...)

b. persönlich:
für alle Arbeitnehmer,
für alle Arbeitnehmer im Schichtdienst,
für alle Arbeitnehmer im Außendienst,
für alle Arbeitnehmer im Fuhrpark,
für alle Arbeitnehmer in der Verwaltung, ...

c. fachlich:
für alle Auszubildenden,
für alle Angestellten,
für die Schlosserei,
für den Vertriebsinnendienst, ...

IV. Geltungsdauer einer Betriebsvereinbarung

Betriebsparteien entscheiden über die Geltungsdauer

Arbeitgeber und Betriebsrat sind frei in der Bestimmung der zeitlichen Dauer einer Betriebsvereinbarung. Gesetzliche Vorschriften hierfür gibt es nicht. Sie können unbefristet, befristet oder für einen bestimmten Zweck abgeschlossen werden.

Keinen Einfluss auf die Laufzeit einer Betriebsvereinbarung haben Betriebsratswahlen. Die Betriebsvereinbarung, die vom alten Betriebsrat geschlossen wurde, gilt unverändert weiter. Gleiches gilt für Gesamt- und Konzernbetriebsvereinbarungen.

In der Regel werden Betriebsvereinbarungen unbefristet abgeschlossen. Dies gilt insbesondere dann, wenn der geregelte Bereich eine dauerhafte Wirkung beinhaltet, wie z.B. bei Verträgen über Sozialeinrichtungen, betriebliche Altersversorgung, Arbeitszeit, Auszahlung der Arbeitsentgelte, Vorschlagswesen.

Hingegen ist die Vereinbarung, ob für einen bestimmten Zeitraum Kurzarbeit eingeführt wird oder nicht, befristet. Wird ein Urlaubsplan in Form einer Betriebsvereinbarung z.B. für das Jahr 2007 aufgestellt, verliert die Betriebsvereinbarung mit Ablauf des Jahres 2007 ihre Gültigkeit. Ihr Zweck, die Regelung des Urlaubs 2007, ist dann erreicht worden.

Belegschaftsinteresse entscheidet

Der Betriebsrat muss bei der Festlegung der Laufzeit jeweils prüfen, was den Interessen der Arbeitnehmer entspricht.

Beispiel für die Festlegung der Geltungsdauer einer Betriebsvereinbarung:

> In einer freiwilligen Betriebsvereinbarung hat der Betriebsrat zusätzliche Sozialleistungen vereinbaren können. Deren Niveau hält er für gut. Um sie gegen Verschlechterungen zu schützen, wird der Betriebsrat versuchen, eine unbefristete Betriebsvereinbarung mit langen Kündigungsfristen (z.B. ein Jahr zum Ende eines Kalenderjahres) abzuschließen. Oder er vereinbart, dass die Betriebsvereinbarung nicht vor einem bestimmten Zeitpunkt gekündigt werden darf („Diese BV ist mit einer Frist von 12 Monaten zum Ende eines Kalenderjahres kündbar, erstmalig kann eine Kündigung zum 31.12.2009 erfolgen.").

Hinweise für die Praxis

Erzwingbare Betriebsvereinbarungen gelten nach ihrem Ablauf gem. § 77 Abs. 6 BetrVG weiter, bis sie durch eine andere Abmachung ersetzt werden. Für freiwillige Betriebsvereinbarungen ist diese Nachwirkung im Gesetz nicht vorgesehen. Nach Ablauf einer freiwilligen Betriebsvereinbarung können daher keine Ansprüche aus ihr mehr geltend gemacht werden. Daher sollte der Betriebsrat versuchen, entweder die Nachwirkung festzuschreiben oder lange Kündigungsfristen bzw. Laufzeiten zu vereinbaren.

Viele Betriebsvereinbarungen, insbesondere im Bereich Arbeitszeit, werden in Ergänzung eines Tarifvertrages geschlossen. So enthalten Tarifverträge zunehmend Öffnungsklauseln, die eine sehr unterschiedliche Umsetzung der Regelungen des Tarifvertrages in den einzelnen Betrieben ermöglichen.

Beispiel für eine Betriebsvereinbarung aufgrund einer tarifvertraglichen Öffnungsklausel:

> Ein Tarifvertrag sieht die 37,5-Std.-Woche an fünf Arbeitstagen in der Woche vor. Zur Beschäftigungssicherung, Vermeidung von Kurzarbeit und zur Sicherung der ganzjährigen Beschäftigung – so der Tarifvertrag – können durch eine Betriebsvereinbarung Arbeitszeiten von null bis 45 Stunden in der Woche vereinbart werden. Dabei muss die 37,5-Stunden-Woche im Durchschnitt eines Jahres erreicht werden. Der Betriebsrat einigt sich auf eine 40-Stunden-Woche im ersten Quartal, im zweiten und dritten werden 37,5 Stunden gearbeitet. Im letzten Quartal wird die Arbeitszeit auf 35 Stunden reduziert. So wird im Jahresschnitt die 37,5-Stunden-Woche erreicht.

Betriebsvereinbarungen, die im Rahmen von Öffnungsklauseln geschlossen worden sind, sind in ihrer Laufzeit grundsätzlich auf die Laufzeit des Tarifvertrages beschränkt (BAG v. 25.8.1983, AP Nr. 7 zu § 77 BetrVG 1972; vgl. DKK-Berg, § 77 Rn. 77). Trotzdem sollte der Betriebsrat zur Klarstellung hier ausdrücklich die Laufzeit der Betriebsvereinbarung an die Laufzeit des Tarifvertrages knüpfen. Ändert sich der Tarifvertrag, z.B. im Hinblick auf den Arbeitszeitrahmen, muss auch die Betriebsvereinbarung geändert werden.

1. Kündigung einer Betriebsvereinbarung

Ist in der Betriebsvereinbarung keine Kündigungsfrist vorgesehen, gilt die *gesetzliche Kündigungsfrist* von *drei Monaten* (§ 77 Abs. 5 BetrVG). Jede Seite kann dann mit dieser Frist kündigen. Die Kündigung bedarf zu ihrer Wirksamkeit keiner Begründung (DKK-Berg, § 77 Rn. 53b). Daher kann ein Arbeitgeber die Kündigung einer Betriebsvereinbarung nicht zurückweisen, indem er behauptet, der Betriebsrat habe keinen Grund für die Kündigung. Im Gegensatz zur Kündigung von Arbeitsverträgen gibt es auch kein „Kündigungsschutzverfahren" vor den Arbeitsgerichten, das die Kündigung einer Betriebsvereinbarung auf ihre Berechtigung überprüft. Ein solches Verfahren ist auch nicht erforderlich. Bei Betriebsvereinbarungen aus dem Bereich der erzwingbaren

Vereinbarte oder gesetzliche Kündigungsfrist

Mitbestimmung wirken deren Regelungen nach, bis sie durch eine andere Abmachung ersetzt werden.

In der Insolvenz können Betriebsvereinbarungen unabhängig von evtl. vereinbarten längeren Kündigungsfristen mit einer Frist von 3 Monaten gekündigt werden (§ 120 Abs. 1 InsO).

Berechnung der Kündigungsfrist

Wie berechnet sich nun die Frist von drei Monaten?

Für die Fristberechnung sind die Bestimmungen der §§ 187, 188 des Bürgerlichen Gesetzbuchs (BGB) maßgebend. Danach zählt der Tag, an dem die Kündigung beim Betriebsrat eingeht, bei der Fristberechnung nicht mit. Weiterhin bestimmt § 188 Abs. 2 BGB, dass bei einer nach Monaten bestimmten Frist, diese an dem Tag bzw. Monat endet, der durch seine Bezeichnung dem Tag der Kündigung entspricht.

Beispiel für die Berechnung der Kündigungsfrist:

> Ein Arbeitgeber kündigt mit Schreiben, das am Montag, den 15.1.2007 beim Betriebsrat eingeht, eine Betriebsvereinbarung. Der Tag der Kündigung zählt hier nicht mit. Damit beginnt die eigentliche Frist am Dienstag, den 16.1.2007. Rechnet man drei Monate hinzu, ergibt sich Freitag, der 16.3.2007. Die Betriebsvereinbarung ist also zum 16.3. gekündigt und läuft an diesem Tag um 24.00 Uhr aus.

Die Fristberechnung ändert sich, wenn Beginn oder Ende der Frist auf einen Samstag, Sonntag oder einen gesetzlichen Feiertag fallen. In diesen Fällen bestimmt § 193 BGB, dass der jeweils nächste Werktag für den Beginn oder das Ende der Frist maßgebend ist.

Beispiele für Berechnung der Kündigungsfrist mit Sonn- und Feiertagen:

> *1. Veränderter Fristbeginn*
> Das Kündigungsschreiben steckt der Arbeitgeber am Sonnabend, den 13.1.2007 in den Briefkasten vor dem Betriebsratsbüro. Die Kündigungsfrist beginnt gem. § 193 BGB an dem nächsten Werktag, also Montag, den 15.1.2007. Sie endet drei Monate später am Donnerstag, den 15.3.2007.
>
> *2. Verändertes Fristende*
> Am Mittwoch, den 17.1.2007 geht die Kündigung einer Betriebsvereinbarung beim Betriebsrat ein. Die Frist beginnt gem. § 187 Abs. 1 BGB daher am Donnerstag, den 18.1.2007. Sie würde gem. § 188 Abs. 2 BGB drei Monate später am Sonntag, den 18.3.2007 enden. Gem. § 193 BGB endet sie daher erst am nächsten Werktag, also am Montag, den 19.3.2007.

IV. Geltungsdauer einer Betriebsvereinbarung

Im Gegensatz zum Abschluss einer Betriebsvereinbarung schreibt das Gesetz für die Kündigung einer Betriebsvereinbarung *keine Form* vor. Um Unsicherheiten zu vermeiden, sollte der Betriebsrat in jeder Betriebsvereinbarung festlegen, dass die Kündigung der Schriftform bedarf.

Stets Schriftform vereinbaren

Auch wenn keine Schriftform vereinbart wurde, sollte der Betriebsrat (aus Beweisgründen) die Kündigung schriftlich erklären und im Kündigungsschreiben die Betriebsvereinbarung genau bezeichnen.

Stets ist zu beachten, dass derjenige, der sich auf eine Kündigung beruft, diese auch beweisen muss. Erklärt beispielsweise der Arbeitgeber während einer Verhandlung, dass er sich an vereinbarte soziale Leistungen nicht gebunden fühle, falls sich der Betriebsrat nicht in einer bestimmten Weise verhalte, ist unklar, ob er mit seiner Äußerung eine Kündigung ausgesprochen hat. Im Zweifelsfall muss dann der Arbeitgeber beweisen, dass dieser Satz als Kündigung gemeint war und vom Betriebsrat auch so verstanden werden musste. Drückt er sich nicht klar aus, geht dies immer zu seinen Lasten. Der Betriebsrat sollte bei einem solchen Verhalten des Arbeitgebers sofort nachfragen, ob der Arbeitgeber eine Kündigung ausgesprochen hat. Dies vermeidet Unsicherheit und bietet dem Betriebsrat eine klare Grundlage für sein weiteres Vorgehen.

Pflicht der kündigenden Partei

Auch die *fristlose Kündigung* einer Betriebsvereinbarung ist möglich (BAG v. 28.4.1992, NZA 331 31). Dies setzt jedoch einen wichtigen Grund voraus. Ob ein wichtiger Grund vorliegt, muss im Streitfall von dem bewiesen werden, der die Kündigung ausgesprochen hat.

Eine *Teilkündigung* einer Betriebsvereinbarung ist grundsätzlich unzulässig (DKK-Berg, § 77 Rn. 55 m.w.N.). Da sie in der Regel das Ergebnis eines Kompromisses ist, würden bei einer Teilkündigung einzelne Teile herausgenommen und so das innere „Gleichgewicht" der Vereinbarung zerstört werden. Jedoch kann die Zulässigkeit einer Teilkündigung zwischen Betriebsrat und Arbeitgeber vereinbart werden. Voraussetzung ist, dass es sich um abgegrenzte Themen handelt.

Beispiel für eine zulässige Teilkündigung:

> In einer Vereinbarung sind sowohl Arbeitszeit wie auch Provisionen für den Außendienst geregelt. Hier könnten die Regelungen zur Arbeitszeit und zu den Provisionen jeweils einzeln gekündigt werden.

Die *ordentliche Kündigung* einer Betriebsvereinbarung kann *ausgeschlossen* werden. Dies muss aber ausdrücklich vereinbart werden (BAG v. 10.3.1992, AiB 1992, 751).

Ausschluss des Kündigungsrechts

Auf Seiten des Betriebsrats setzt eine ordnungsgemäße Kündigung – ebenso wie der Abschluss – einen entsprechenden Beschluss voraus.

Adressat der Kündigung

Die Kündigungserklärung ist an den Arbeitgeber, d.h. die Stelle zu richten, mit der die Betriebsvereinbarung abgeschlossen wurde. Dies wird in der Regel entweder die Personalabteilung oder die Geschäftsführung selbst sein.

Beispiele für die Formulierung der Geltungsdauer sowie der Kündigung einer Betriebsvereinbarung:

- „Diese Betriebsvereinbarung ist mit der gesetzlichen Frist kündbar."
- „Diese Betriebsvereinbarung ist mit einer Frist von sechs Monaten zum Schluss eines Kalenderjahres kündbar; erstmals allerdings zum 31.12.2007."
- „Diese Vereinbarung gilt bis zum 31.12.2007. Sie wirkt nach."
- „Diese Vereinbarung gilt bis zum 31.12.2007. Sie wirkt nicht nach."
- „Diese Vereinbarung gilt bis zum 31.12.2007. Eine ordentliche Kündigung ist ausgeschlossen."

2. Andere Formen der Beendigung

Arbeitgeber und Betriebsrat können jederzeit eine *Betriebsvereinbarung aufheben oder ändern*. Notwendig ist hierzu eine neue Betriebsvereinbarung, die entweder den alten Vertrag aufhebt oder ändert. Durch eine formlose Regelungsabsprache kann eine Betriebsvereinbarung nicht geändert oder außer Kraft gesetzt werden (BAG v. 27.6.1985, AP Nr. 14 zu § 77 BetrVG 1972 = AiB 1995, 182).

Kollisionsregel

Im Verhältnis von Betriebsvereinbarungen untereinander gilt die *Regel, dass die neue die alte Betriebsvereinbarung ablöst* (BAG v. 3.11.1987, AiB 1988, 191). Dies gilt auch, wenn die neue Betriebsvereinbarung schlechter ist als die alte (z.B. einen geringeren Jubiläumsurlaub vorsieht).

Betriebsvereinbarungen verlieren ihre Wirkung, wenn ein Betrieb *endgültig stillgelegt* wird. Eine Ausnahme hierzu bilden z.B. Vereinbarungen über die betriebliche Altersversorgung. Diese enthalten Bestimmungen, die über den Bestand des Betriebes hinausgehen. Gleiches gilt für z.B. Sozialpläne, die die Stilllegung des Betriebes regeln.

Auch durch *Betriebsübergang, Verschmelzung sowie Aufspaltung* eines Betriebes können Betriebsvereinbarungen ihre Wirkung verlieren. Dabei ist zu unterscheiden zwischen der Frage, ob nur das Unternehmen, also die juristische Form (GmbH, Aktiengesellschaft, Genossenschaft usw.), betroffen ist oder auch der Betrieb.

IV. Geltungsdauer einer Betriebsvereinbarung

Beispiel für die Weitergeltung einer Betriebsvereinbarung infolge der Verschmelzung zweier Unternehmen:

> Zwei Unternehmen werden verschmolzen. Beide betreiben je ein Werk; eins in Hamburg, eins in Wasserburg (Bayern). Die Verschmelzung der Unternehmen berührt die Betriebsvereinbarungen, die für die Werke geschlossen wurden, nicht, da die Betriebe erhalten bleiben. Etwas anderes würde gelten, wenn das Werk Hamburg aufgelöst und einzelne Abteilungen in das Werk Wasserburg eingegliedert werden. Dann würden die Betriebsvereinbarungen des Werkes in Wasserburg auch für die dorthin versetzten Arbeitnehmer aus Hamburg gelten.

Gibt es zu einem bestimmten Bereich keine Betriebsvereinbarungen im aufnehmenden Betrieb, wird der Inhalt der Betriebsvereinbarungen des alten Betriebes gemäß § 613a Abs. 1 Satz 3 BGB Bestandteil der Arbeitsverträge der Beschäftigten des Betriebes, der aufgenommen wird.

V. Nachwirkung von Betriebsvereinbarungen

Was passiert, wenn eine Betriebsvereinbarung gekündigt worden ist und die Kündigungsfrist abgelaufen ist?

Beispiel für die Nachwirkung einer Betriebsvereinbarung:

> Die Betriebsvereinbarung über Arbeitszeit ist zum 31.12.2006 gekündigt worden. Sie sah vor, dass die Arbeitszeitverkürzung von 40 auf 37,5 Stunden bei Beibehaltung der bisherigen täglichen Arbeitszeit durch Gewährung ganzer freier Tage erfolgt. Dies bedeutete für jeden Arbeitnehmer 17 freie Tage. Fallen diese ab 1.1.2007 weg mit der Folge, dass auch nur noch 37,5 Stunden in der Woche gearbeitet werden muss?
>
> Das Gesetz vermeidet diese Unsicherheit, indem es bestimmt, dass die Regelungen einer erzwingbaren Betriebsvereinbarung nach ihrem Ablauf weiter gelten, bis sie durch eine andere Abmachung ersetzt werden. Am 1.1.2007 würde also – sofern keine neue Vereinbarung über die Arbeitszeit getroffen wurde – die alte Regelung weiter gelten. Die Arbeitnehmer hätten weiterhin Anspruch auf 17 freie Tage. Die bisherige tägliche Arbeitszeit bliebe ebenfalls unverändert.

Beendigung der Nachwirkung

Die *Nachwirkung* gilt jedoch nur so lange, wie die Betriebsvereinbarung nicht durch eine *andere Abmachung ersetzt* wird. Unter Abmachung ist jede andere Betriebsvereinbarung, ein Tarifvertrag oder auch eine einzelvertragliche Vereinbarung zwischen Arbeitgeber und Arbeitnehmer zu verstehen (DKK-Berg, § 77 Rn. 61).

Könnte der Arbeitgeber also in obigem Beispiel mit einzelnen Arbeitnehmern die 40-Stunden-Woche vereinbaren? Ja, aber er kann, da die Frage der Arbeitszeit dem Mitbestimmungsrecht des Betriebsrats unterliegt, keine im Betrieb wirksame Regelung über Beginn und Ende der täglichen Arbeitszeit vereinbaren.

Ausschluss der Nachwirkung

Aber auch bei erzwingbaren Betriebsvereinbarungen kann die *Nachwirkung* entfallen. Zum einen kann die Nachwirkung ausdrücklich in der Betriebsvereinbarung *ausgeschlossen* werden („Diese Betriebsvereinbarung wirkt nicht nach."). Auch kann sich der Ausschluss der Nachwirkung aus dem Zweck der Betriebsvereinbarung oder aus ihren Regelungen selbst ergeben. So wirkt eine Betriebsvereinbarung über den Betriebsurlaub für das Jahr 2007 nicht nach. Hier ergibt sich aus der Regelung selbst, dass nur der Betriebsurlaub für das Jahr 2007 geregelt werden sollte, nicht jedoch der Urlaub über diesen Zeitraum hinaus.

Im Bereich der erzwingbaren Mitbestimmung kann der Arbeitgeber also durch die Kündigung nicht einfach die Regelungen der Betriebsvereinbarung außer Kraft setzen. Will er ein neues Arbeitszeitsystem einführen, muss er nach Kündigung der Betriebsvereinbarung eine neue Einigung mit dem Betriebsrat herbeiführen.

Das Gesetz hat die Nachwirkung jedoch nur für Betriebsvereinbarungen aus dem Bereich der erzwingbaren Mitbestimmung angeordnet. *Freiwillige Betriebsvereinbarungen* wirken nach dem Gesetz nicht nach. Allerdings kann die Nachwirkung in einer freiwilligen Betriebsvereinbarung vereinbart werden (BAG, NZA 1998, 1348).

Nachwirkung freiwilliger Betriebsvereinbarungen

Schwieriger sind in der Praxis die Fälle, in denen die Betriebsvereinbarung Gegenstände regelt, die zum Teil der erzwingbaren Mitbestimmung unterliegen und zum Teil nicht.

Beispiel für eine teilweise Nachwirkung:

> In einer Betriebsvereinbarung über die Arbeitsordnung wird neben Fragen der betrieblichen Ordnung (u.a. Dienstkleidung; § 87 Abs. 1 Nr. 1 BetrVG) auch der Anspruch auf Jubiläumszahlungen (je zehn Jahre Beschäftigung ein Gehalt) geregelt. Der Arbeitgeber kündigt die Vereinbarung. Die Regelung zur Dienstkleidung unterliegt der Mitbestimmung, die Fragen der Jubiläumszahlungen hingegen nicht. Es handelt sich hierbei um eine freiwillige soziale Leistung, die nicht erzwingbar ist. Die Jubiläumszahlungen entfallen somit nach Ablauf der Kündigungsfrist, die Regelungen über die Arbeitskleidung wirken nach. Bisher entstandene Ansprüche bleiben allerdings erhalten. So sind z.B. die erhaltenen Jubiläumszahlungen nicht zurückzuzahlen.

Treten Arbeitnehmer im *Nachwirkungszeitraum* in den Betrieb ein, können sie keine Ansprüche aus einer freiwilligen Betriebsvereinbarung herleiten. Da die sog. normative Wirkung der Betriebsvereinbarung nur für die Zukunft entfällt, werden entstandene Ansprüche nicht berührt. Dies gilt insbesondere für Anwartschaften aus betrieblichen Altersversorgungen.

Neu eintretende Arbeitnehmer

Bei *freiwilligen sozialen Leistungen* ist wie folgt zu unterscheiden: Nach der Rechtsprechung des BAG entscheidet der Arbeitgeber allein, ob er eine zusätzliche Leistung erbringt oder nicht, und welche finanziellen Mittel er hierfür aufwenden will. Die Ausgestaltung der Regelung – d.h. der Verteilungs- und Leistungsplan – unterliegt dem Mitbestimmungsrecht des Betriebsrates nach § 87 Abs. 1 Nrn. 10, 11 BetrVG. Will der Arbeitgeber die zusätzliche Leistung ganz streichen, entfällt die Nachwirkung; will er nur den Leistungsplan ändern, wirkt die gekündigte Regelung nach (BAG v. 26.10.1993, AP Nr. 6 zu § 77 BetrVG Nachwirkung; Fitting, § 77 Rn. 190; vgl. DKK-Berg, § 77 Rn. 59).

Beispiel für die Folgen der Kündigung einer Betriebsvereinbarung über freiwillige soziale Leistungen:

> Eine Betriebsvereinbarung sieht die Zahlung eines zusätzlichen Weihnachtsgeldes vor. Diese ist an die Betriebszugehörigkeit gekoppelt. Nach fünf Jahren gibt es ein halbes Gehalt, nach zehn Jahren ein ganzes und nach 15 Jahren eineinhalb Gehälter. Der Arbeitgeber kündigt die Betriebsvereinbarung mit dem Ziel, die Aufwendungen zu reduzieren. Er möchte künftig bei fünf Jahren nichts zahlen und ein halbes Gehalt bei zehn Jahren. Nach 15 Jahren soll ein Gehalt gezahlt werden.
>
> Hier greift hinsichtlich der Frage, wann ein Gehalt gezahlt wird, das Mitbestimmungsrecht des Betriebsrats. Daher wirkt die Betriebsvereinbarung nach. Will der Arbeitgeber die Zahlung der Weihnachtsgratifikation ganz einstellen, entfällt allerdings die Mitbestimmung.

VI. Gesamt- und Konzernbetriebsvereinbarungen; Rahmenvereinbarungen

Gesamt- und Konzernbetriebsrat können ebenfalls Betriebsvereinbarungen abschließen. Die Besonderheiten, die hierbei zu beachten sind, werden im Folgenden dargestellt. Weiterhin werden in der Praxis auf allen Ebenen vielfach Rahmenbetriebsvereinbarungen abgeschlossen, die ebenfalls erläutert werden.

1. Gesamt- und Konzernbetriebsvereinbarungen

Für den Abschluss von Betriebsvereinbarungen durch den Gesamt- oder Konzernbetriebsrat gelten grundsätzlich dieselben Spielregeln wie für den Betriebsrat, d.h. die Vorschriften des § 77 BetrVG. — *Grundsatz*

Der *Gesamtbetriebsrat* kann dabei im Rahmen seiner *eigenen* (d.h. originären) *Zuständigkeit* (§ 50 Abs. 1 BetrVG) tätig werden. Er kann aber auch vom örtlichen Betriebsrat mit den Verhandlungen und dem Abschluss einer Betriebsvereinbarung beauftragt werden. — *Zuständigkeit kraft Auftrag*

Schließt der Gesamtbetriebsrat eine Vereinbarung im Rahmen seiner eigenen Zuständigkeit ab, spricht man von einer *Gesamtbetriebsvereinbarung.* Wird er im Auftrag eines Betriebsrates tätig, wird die Vereinbarung weiterhin Betriebsvereinbarung genannt (DKK-Trittin, § 50 Rn. 10a).

Der Gesamtbetriebsrat ist gem. § 50 Abs. 1 BetrVG dann zuständig, wenn Angelegenheiten das Gesamtunternehmen oder mehrere Betriebe betreffen und diese nicht durch die einzelnen Betriebsräte geregelt werden können. Dies kann z.B. aus technischen Gründen bei IT-Systemen oder aus rechtlichen Gründen der Fall sein (BAG v. 25.4.2005, NZA 2005, 892). Im Bereich der *freiwilligen* sozialen Leistungen kann der Arbeitgeber die Zuständigkeit des GBR (oder KBR) erzwingen. Ist er zu einer freiwilligen sozialen Leistung (z.B. zusätzliche Bonuszahlungen) nur bereit, wenn diese nach einheitlichen Regeln im Unternehmen (oder Konzern) gezahlt werden, ist der GBR (oder KBR) zuständig (BAG v. 10.10.2006, NZA 2007, 523; das BAG spricht in diesen Fällen von einer „subjektiven Unmöglichkeit"). Dabei ist er den einzelnen Betriebsräten nicht übergeordnet. Gleiches gilt für das Verhältnis Gesamtbetriebsrat und Konzernbetriebsrat (§ 58 Abs. 1 BetrVG). — *Eigene Zuständigkeit*

Stets ist zunächst die Frage zu beantworten, ob eine Maßnahme des Arbeitgebers oder eine Initiative des Gesamtbetriebsrates das Gesamtunternehmen (den Konzern) oder zumindest mehrere Betriebe (Konzernunternehmen) betreffen. Soll z.B. ein neues IT-System nur in einem Betrieb eingeführt werden, spricht dies für die Zuständigkeit des örtlichen Betriebsrates. Ist die Einführung jedoch nur als Test für die spätere Einführung auf Gesamtunternehmensebene gedacht, spricht dies für die Zuständigkeit des Gesamtbetriebsrats.

Konkrete Situation entscheidet

Weiterhin muss nach dem Gesetz die Angelegenheit nicht durch die örtlichen Betriebsräte geregelt werden können. Entscheidend ist hierbei jedoch nicht, ob eine Angelegenheit objektiv nicht durch die einzelnen Betriebsräte geregelt werden könnte. Durch parallele Betriebsvereinbarungen ist dies immer möglich (Fitting, § 50 Rn. 21).

Nach der Rechtsprechung des BAG ist der Gesamtbetriebsrat dann zuständig, wenn ein *zwingendes Erfordernis für eine unternehmenseinheitliche oder zumindest betriebsübergreifende Regelung* besteht. Dabei ist auf die konkreten Verhältnisse des Unternehmens und der konkreten Betriebe abzustellen. Reine Zweckmäßigkeitsgründe oder das Koordinierungsinteresse des Unternehmens allein begründen keine Zuständigkeit des Gesamtbetriebsrats (BAG v. 9.12.2003, AiB 2004, 257).

Die Abgrenzung der Zuständigkeiten verursacht in der Betriebsratspraxis manche Schwierigkeiten. Was kann ein Betriebsrat nicht mehr alleine regeln? Was tun, wenn der Gesamtbetriebsrat nicht handelt? Je nach Organisation des Unternehmens haben sich meist Regeln herausgebildet für die Frage, was vom Gesamtbetriebsrat erledigt wird und was dem örtlichen Betriebsrat vorbehalten bleibt. Dies hängt auch davon ab, ob ein Unternehmen zentralistisch organisiert ist oder eher dezentral.

Hinweis für die Praxis

In der Praxis sollte ein Betriebsrat die Frage, wer eine Angelegenheit verhandelt, eher von pragmatischen Gesichtspunkten abhängig machen. Wo kann für die Arbeitnehmer eine bessere Regelung erzielt werden. Hat der Betriebsrat örtlich kompetente Ansprechpartner? Wenn nein, spricht dies eher für eine Regelung auf Gesamtunternehmensebene.

Schwierig wird es, wenn zwischen Betriebsrat und Gesamtbetriebsrat Streit herrscht oder der Gesamtbetriebsrat nicht tätig wird. Im letzteren Fall kann der örtliche Betriebsrat die Angelegenheit trotz Untätigkeit des GBR nicht regeln, wenn der GBR originär zuständig ist (BAG v. 14.11.2006, NZA 2007, 399).

Beispiele für die Verteilung der Zuständigkeit:

> Regelungen über Altersversorgungen, die für das Gesamtunternehmens gelten, fallen in die Zuständigkeit des Gesamtbetriebsrates (LAG Düsseldorf v. 6.2.1991, DB 1991, 1330).

VI. Gesamt-, Konzernbetriebs- und Rahmenvereinbarungen

> Für unternehmenseinheitliche Jubiläumszahlungen (BAG v. 3.11.1987, AP Nr. 25 zu § 77 BetrVG 1972) oder unternehmenseinheitliche Jahressonderzahlungen (BAG v. 11.2.1992, AP Nr. 50 zu § 76 BetrVG 1972) ist der Gesamtbetriebsrat zuständig.
>
> Für Torkontrollen hingegen ist der örtliche Betriebsrat zuständig (LAG Düsseldorf v. 14.12.1979, EzA § 50 BetrVG 1992 Nr. 5).

Überträgt der Betriebsrat eine Angelegenheit auf den Gesamtbetriebsrat, wird dieser im Auftrag für den Betriebsrat tätig. Dabei sollte der *Übertragungsbeschluss* zum Ausdruck bringen, ob der Gesamtbetriebsrat die Angelegenheit endgültig selbst entscheiden kann. Will sich der Betriebsrat die Entscheidung über den Abschluss einer Betriebsvereinbarung vorbehalten, muss dies aus seinem Übertragungsbeschluss hervorgehen. Der Arbeitgeber ist über Übertragungsbeschlüsse zu informieren. Hat der Betriebsrat sich die Entscheidung vorbehalten, ist es seine Entscheidung, ob bei erfolglosen Verhandlungen die Einigungsstelle angerufen wird. Anderenfalls kann dies der Gesamtbetriebsrat entscheiden.

Vorbehalt der Letztentscheidung

Ihm steht in solchen Fällen auch das Recht zu, die Vereinbarung zu kündigen (DKK-Trittin, § 50 Rn. 10 b).

2. Rahmenvereinbarungen

Häufig trifft man in der Praxis Rahmenbetriebsvereinbarungen an. Auf überörtlicher Ebene dienen sie dazu, bestimmte Teile einer Angelegenheit unternehmenseinheitlich zu regeln und zugleich Spielraum für die Umsetzung vor Ort zu lassen. Dabei ist zu beachten, dass der GBR (bzw. der KBR), sofern er für eine mitbestimmungspflichtige Angelegenheit originär zuständig ist, diese insgesamt mit dem Arbeitgeber zu regeln hat. Nur dann, wenn in Detailfragen Raum für eine unterschiedliche Regelung in den einzelnen Betrieben vorhanden ist, kann der GBR lediglich einen Rahmen regeln. Ein einheitliches Mitbestimmungsrecht z.B. bei IT-Systemen nach § 87 Abs. 1 Nr. 6 BetrVG kann nicht aufgespalten werden (BAG v. 14.11.2006, NZA 2007, 399).

Eröffnung von Spielräumen

Beispiele für eine Rahmenvereinbarung auf der Ebene des Gesamt- bzw. Konzernbetriebsrats:

> In allen Werken eines Unternehmens soll Gruppenarbeit eingeführt werden. In einer Rahmenbetriebsvereinbarung werden die Grundsätze der Beteiligung der Mitarbeiter, die Einbeziehung der Betriebsräte in das Projekt sowie der Grundsatz, dass keine Entgelteinbußen durch die Gruppenarbeit entstehen, festgelegt. Die konkrete Umsetzung der Gruppenarbeit sowie die Ausfüllung der Rahmenregelung bleiben dem örtlichen Betriebsrat vorbehalten.

> Durch Gesundheitsprogramme im Unternehmen soll sowohl der Krankenstand gesenkt, als auch die Gesundheit der Mitarbeiter geschützt werden. Der Gesamtbetriebsrat vereinbart einen Rahmen. Dieser legt die allgemeinen Ziele fest. Darüber hinaus wird vereinbart, dass das Unternehmen pro Standort eine bestimmte Summe für Gesundheitsprogramme aufwenden wird. Ebenfalls werden Verfahrensregelungen für „Krankengespräche" vereinbart. Die Umsetzung und die Festlegung, welche Maßnahmen und Projekte zur Gesundheitsförderung in den einzelnen Standorten durchgeführt werden, bleiben den örtlichen Betriebsvereinbarungen vorbehalten.

Aber auch auf örtlicher Ebene werden Rahmenbetriebsvereinbarungen geschlossen. Vielfach werden die mit IT-Systemen zusammenhängenden Fragen (Verhaltens- und Leistungskontrolle, Verbot bestimmter Auswertungen, Informations- und Kontrollrechte des Betriebsrats, Schulungen, Entgeltfragen usw.) in einer Rahmenvereinbarung festgelegt. Wird dann eine neue Software eingeführt, wird die Rahmenvereinbarung um einen Anhang, der spezifische, nur für diese Software notwendige Regelungen enthält, ergänzt. Vorteil einer solchen Regelung ist, dass die generellen Fragen nicht jeweils neu verhandelt werden müssen.

VII. Vorgehen bei Abschluss einer Betriebsvereinbarung

Die Initiative zum Abschluss von Betriebsvereinbarungen geht in vielen Fällen vom Arbeitgeber aus. Er möchte die Arbeitszeit verändern, die Leistungszulagen neu ordnen oder ein neues IT-System einführen. Ohne eine Einigung mit dem Betriebsrat kann er dies nicht. Abhängig von der Unternehmenskultur wird ein Entwurf für eine Betriebsvereinbarung überreicht oder aber auch gemeinsam in einer Arbeitsgruppe erstellt. Aber auch der Betriebsrat sollte von sich aus aktiv werden und die Regelung eines Themas verlangen. Wenn es Vertrauensleute im Betrieb gibt, sollte auch deren Meinung eingeholt werden; besser noch ist es, wenn diese an der Erstellung des Entwurfs der Betriebsvereinbarung beteiligt werden.

In beiden Fällen ist es wichtig, dass der Betriebsrat seine eigene Position klar festlegt und systematisch vorgeht. Im Folgenden sollen einige Hinweise gegeben werden, die die Arbeit vor Abschluss einer Betriebsvereinbarung erleichtern. Dies geschieht an zwei Beispielen: der Einführung von Gruppenarbeit und der Einführung von flexibler Arbeitszeit in der Verwaltung. Sie sind natürlich nicht schematisch auf andere Fälle zu übertragen. Das Vorgehen des Betriebsrats hängt auch vom jeweiligen Gegenstand einer Betriebsvereinbarung ab. Außerdem unterscheiden sich die Arbeitsbedingungen von Betriebsräten in Groß- und Kleinbetrieben erheblich. Während Betriebsräte in manchen Großunternehmen sogar eigene Mitarbeiter haben, müssen Betriebsräte in Kleinbetrieben neben ihrer Arbeit diese Schritte durchführen. Trotzdem bleiben die Grundzüge des Vorgehens und der Überlegungen die Gleichen.

Planvolles und zielorientiertes Vorgehen

Nach § 87 Abs. 1 Nr. 13 BetrVG sind die Grundzüge der Durchführung der Gruppenarbeit mitbestimmungspflichtig. Gleichzeitig wird Gruppenarbeit definiert. Diese liegt i.S.d. Gesetzes dann vor, wenn eine Gruppe von Arbeitnehmern innerhalb des betrieblichen Arbeitsablaufs eine ihr übertragene Gesamtaufgabe im Wesentlichen eigenverantwortlich erledigt.

Beispiel 1: Gruppenarbeit

1. Informationsbeschaffung

Zunächst muss sich der Betriebsrat die notwendigen Informationen zum Thema verschaffen:

- Was ist Gruppenarbeit? Welche Erfahrungen liegen in anderen Betrieben vor?
- Gehört die Einführung von Gruppenarbeit zu einem Gesamtkonzept im Unternehmen?
- Wie soll die Gruppenarbeit eingeführt werden?
- Wie ändern sich die Arbeitsstrukturen?
- Welche Auswirkungen auf die Arbeitsplätze hat die Einführung im Hinblick auf Tätigkeit, Qualifikation, Entgelt?
- Werden Arbeitsplätze geschaffen oder abgebaut?
- Welche Schulungsmaßnahmen sind geplant, um die Einführung von Gruppenarbeit vorzubereiten?
- Welchen Zeitplan hat das Unternehmen?
- Sind die Kollegen über das Thema bereits informiert? Welche Haltung haben sie hierzu?
- Welche rechtlichen Handlungsmöglichkeiten hat der Betriebsrat?

Woher bekommt nun der Betriebsrat all diese Informationen? Die Überlegungen und Vorstellungen des Arbeitgebers muss er bei diesem abfordern. Hier ist es äußert hilfreich, wenn der Betriebsrat Kontakte zu den mit der Planung der Gruppenarbeit befassten Abteilungen hat. Er kann die offiziellen Informationen des Arbeitgebers überprüfen.

Für die Beantwortung zu allgemeinen Fragen stehen insbesondere zur Verfügung:

- Gewerkschaften
- Technologieberatungsstellen des DGB
- Arbeitnehmerkammern in Bremen und im Saarland
- Besuch von Fachseminaren zum Thema
- Andere Betriebsräte, die schon Erfahrungen mit dem Thema haben

VII. Vorgehen bei Abschluss einer Betriebsvereinbarung

- Zeitschriften wie „Arbeitsrecht im Betrieb" und „Computer Fachwissen für Betriebs- und Personalräte"
- Handbücher für Betriebsräte zum Thema
- Informationen aus dem Internet

Zudem kann sich die Frage stellen, ob der Betriebsrat evtl. für das Thema einen externen Sachverständigen hinzuzieht (§ 80 Abs. 3 BetrVG). In Betracht kommt auch eine betriebliche „Auskunftsperson" § 80 Abs. 2 Satz 3 BetrVG).

2. Erarbeiten der Position des Betriebsrats

Ausgehend von diesen Informationen muss der Betriebsrat sich seine Position erarbeiten. Hierzu gehören zunächst eine Sichtung des Materials und eine genaue Analyse, wie die Gruppenarbeit im Betrieb eingeführt werden soll. Zwar gibt es allgemeine Prinzipien der Gruppenarbeit. Doch die Art und Weise, wie sie eingeführt wird, ist in jedem Betrieb verschieden.

Anschließend muss er festlegen, welche Bereiche seiner Meinung nach geregelt werden müssen.

Gleichzeitig muss er seine Ziele bestimmen und festlegen, welche ihm besonders wichtig sind (Knackpunkte) und welche für ihn eher „Verhandlungsmasse" sind.

Die betroffenen Beschäftigtengruppen sollte der Betriebsrat bei der Erarbeitung seiner Position einbeziehen. Dies hat den Vorteil, dass der Betriebsrat bei den Verhandlungen auf die Unterstützung der Belegschaft zählen kann.

Die regelungsbedürftigen Punkte zur Gruppenarbeit sind der folgenden Gliederung einer Betriebsvereinbarung zum Thema Gruppenarbeit zu entnehmen:

1. Präambel
2. Geltungsbereich
3. Ziele
4. Prinzipien der Gruppenarbeit
5. Gruppenstruktur, Personalbemessung
6. Gruppengespräche
7. Gruppensprecher/in
8. Information und Beteiligung der Arbeitnehmer
9. Aufgaben und Kompetenzen der Gruppe
10. Rolle der Vorgesetzen
11. Qualifizierung
12. Entgelt

13. Kontinuierlicher Verbesserungsprozess (KVP), Verbesserungsvorschläge
14. Soziale Sicherung
15. Projektmanagement, Mitbestimmungsregeln
16. In-Kraft-Treten, Kündigung, Nachwirkung
(entnommen aus: Gruppenarbeit, eine Handlungshilfe für Betriebsräte und Vertrauensleute, Schriftenreihe der Gewerkschaft NGG, Hamburg, Verfasser Dr. Gabriele Peter, Peter-Martin Cox).

3. Verhandlungsstrategie

Der Betriebsrat muss sich überlegen, wie er verhandeln will. Dazu gehören

- die Fragen der Aufgabenteilung im Gremium;

- Überlegungen, auf welche Weise die betroffenen Abteilungen einbezogen werden;

- Planungen, wie der Betriebsrat bei einem möglichen Scheitern der Verhandlungen reagiert;

- die Frage, wie wird die Betriebsvereinbarung formuliert. Reicht der Entwurf des Arbeitgebers als Verhandlungsgrundlage? Ist es besser einen eigenen Gegenentwurf zu erstellen? Wer formuliert ihn?

- Benötigt der Betriebsrat für die Verhandlungen Unterstützung durch einen Sachverständigen und/oder einen Juristen?

4. Umsetzung der Betriebsvereinbarung

Mit dem Abschluss der Betriebsvereinbarung ist die Angelegenheit für den Betriebsrat nicht erledigt. Die praktische Einführung der Gruppenarbeit muss durch den Betriebsrat begleitet werden. Er muss seine Rechte aus der Betriebsvereinbarung wahrnehmen und kontrollieren, ob die zu Gunsten der Arbeitnehmer festgelegten Rechte eingehalten werden. Hierzu empfiehlt es sich, folgende Fragen zu klären und Arbeiten vorzubereiten:

- Wer nimmt für den Betriebsrat an den Gruppenprozessen teil?

- Wie werden die Erfahrungen mit der Gruppenarbeit durch den Betriebsrat ausgewertet?

- Muss die Betriebsvereinbarung auf Grund der praktischen Erfahrung mit der Gruppenarbeit ergänzt werden?

VII. Vorgehen bei Abschluss einer Betriebsvereinbarung

Beispiel 2: Flexible Arbeitszeit

In der Verwaltung eines Unternehmens soll ein neues Arbeitszeitsystem eingeführt werden. Bisher gab es nur eine Gleitzeitvereinbarung. Sie sah feste Kernzeiten (9.00 Uhr bis 16.00 Uhr) und eine Gleitzeitspanne vor. Nun soll die Kernzeit abgeschafft werden. Dafür soll es einen Arbeitszeitrahmen (6.00 Uhr bis 19.00 Uhr) geben. Innerhalb dieser Zeit sollen die Mitarbeiter ihre Arbeitszeit in den Abteilungen festlegen. Dabei müssen die Abteilungen jeweils die Art der Arbeit (feste Mindestbesetzung erforderlich oder nicht; zeitliche Vorgaben usw.) berücksichtigen. Innerhalb des Rahmens sind sie ansonsten in der Festlegung der Arbeitszeit frei. Dabei soll die 38-Stunden-Woche im Grundsatz beibehalten werden.

1. Informationsbeschaffung

Der Betriebsrat muss sich Informationen über die folgenden Aspekte des Themas beschaffen:

- Zeitrahmen der Einführung
- Kann so ein Modell in der Praxis funktionieren? Welche Erfahrungen gibt es in anderen Unternehmen?
- Was haben die KollegInnen davon?
- Wie kann sichergestellt werden, dass die Arbeitszeit eingehalten wird?
- Braucht man hierzu ein Arbeitszeitkonto?
- Wie wirkt sich so ein Modell auf das Entgelt aus? Wie auf Mehrarbeitszuschläge?
- Wie sieht die Personalplanung aus?
- Welche Schulungsmaßnahmen sind erforderlich?
- Welche Einstellung bei Vorgesetzten und Kollegen setzt ein solches Modell voraus?
- Lässt sich ein solches Modell in Übereinstimmung mit dem geltenden Tarifvertrag bringen?
- Wollen die Kollegen ein solches Modell?

2. Erarbeiten der Position des Betriebsrats

Im Folgenden findet sich die Gliederung einer Betriebsvereinbarung zum Thema flexible Arbeitszeiten. Bei dem hier beschriebenen Modell sollte der Betriebsrat überlegen, ob nicht zuerst dieses

Modell in ein oder zwei Abteilungen erprobt wird, sofern der Betriebsrat einem solchen Modell zustimmen will, bevor es flächendeckend eingeführt wird.

1. Präambel
2. Geltungsbereich
3. Ziele
4. Arbeitszeitrahmen
5. Beachtung der Gesetze und des Tarifvertrags
6. Verfahren zur Festlegung der Arbeitszeit
7. Regelung von Konflikten
8. Arbeitszeitkonto
9. Grundsätze für Arbeitszeitkonto
10. Ausgleichszeitraum
11. Kontrolle der Einhaltung des Ausgleichszeitraums
12. Zeiterfassung
13. Mehrarbeit
14 Personalbemessung
15 Auswertung des Modells
16. Projektmanagement, Mitbestimmungsregelungen
17. In-Kraft-Treten, Kündigung, Nachwirkung

Die Überlegungen, die der Betriebsrat zur Verhandlungsstrategie und zur Umsetzung bzw. Anpassung der Betriebsvereinbarung anstellen muss, unterscheiden sich bei der flexiblen Arbeitszeit nicht grundsätzlich von denen bei der Einführung von Gruppenarbeit (Nr. 3. Verhandlungsstrategie und Nr. 4. Umsetzung der Betriebsvereinbarung im Beispiel Gruppenarbeit).

Sprachliche Genauigkeit

Über die zum Teil unverständliche Sprache von Gesetzen beklagen sich auch Betriebsräte gerne. Viele Betriebsvereinbarungen stehen dem aber in nichts nach. Der Betriebsrat sollte daher bei der endgültigen Formulierung darauf achten, dass die Betriebsvereinbarung verständlich bleibt. Sie muss so formuliert sein, dass sie von den Betroffenen verstanden wird und angewendet werden kann. Zudem sollte versucht werden, sie sprachlich so zu fassen, dass es keiner Interpretationskünste bedarf um aus ihr schlau zu werden. Hierzu ein paar Hinweise:

Für die gleichen Tatbestände sollten in einer Betriebsvereinbarung die gleichen Wörter benutzt werden. Wird z.B. in einer Betriebsvereinbarung über Provisionen das Entgelt bestimmt, auf dessen Grundlage diese berechnet werden, sollte dies immer mit demselben Wort bezeichnet werden (z.B. Grundentgelt). Vielfach finden sich Begriffe wie Entgelt, Fixum, Grundentgelt, Basisentgelt in derselben Betriebsvereinbarung; gemeint ist jeweils das Gleiche. Ein Leser wird sich aber fragen, warum jeweils verschieden Begriffe verwendet wurden und möglicherweise folgern, hier seien unterschiedliche Dinge gemeint. Werden

VII. Vorgehen bei Abschluss einer Betriebsvereinbarung

Begriffe (z.B. in einer Provisionsvereinbarung) häufig verwendet, ist es sinnvoll, diese vor die Klammer zu ziehen und dort für die ganze Betriebsvereinbarung zu definieren.

Unklarheiten über Formulierungen sollten während der Verhandlungen geklärt werden. Betriebsrat und Arbeitgeber sollten bei Abschluss der Betriebsvereinbarung ein gemeinsames Verständnis von ihrem Inhalt haben. Die Hoffnung, durch eine nicht eindeutige Formulierung die andere Seite „über den Tisch" ziehen zu können, wird in aller Regel enttäuscht. Zudem sorgt sie hinterher nur für vermeidbare Konflikte.

Textkontrolle ist ratsam

Hilfreich ist es oft, den Text der Vereinbarung vor Abschluss Kollegen, die an den Verhandlungen nicht beteiligt waren, zum Lesen zu geben. Verstehen diese den Inhalt der Vereinbarung nicht, ist sie nicht eindeutig genug abgefasst worden. Gleiches gilt für die Abteilungen im Betrieb, die eine Vereinbarung umsetzen müssen. Soll z.B eine Vereinbarung über Leistungszulagen abgeschlossen werden, muss sichergestellt sein, dass die Abteilung Gehaltsabrechnung ihren Inhalt genau kennt und ihn umsetzen kann.

Verwenden die Betriebsparteien in einer Betriebsvereinbarung Begriffe, die in der Rechtssprache einen feststehenden Inhalt haben, ist dieser maßgebend für die Auslegung (BAG v. 24.6.1992, AuR 1992, 374). Kommt es zu einem Rechtsstreit über die Auslegung, legen die Gerichte den in der Rechtssprache allgemein üblichen Inhalt zu Grunde. Wer einem Begriff einen von der Rechtssprache abweichenden Inhalt geben will, muss dies in der Betriebsvereinbarung deutlich machen. Dies kann z.B. durch eigene Begriffsbestimmungen in einem besonderen Absatz oder durch Erläuterungen in Klammern geschehen.

Rechtssprache

Beispiel für Rechtssprache in einer Betriebsvereinbarung:

> In einem Sozialplan wurde das Gehalt für die Berechnung von Abfindungen beschrieben. Dort hieß es, dass Basis für die Berechnung der Abfindung das „Grundgehalt zuzüglich aller bestehenden Zulagen" sein sollte. Es kam zum Streit darüber, ob auch die vermögenswirksamen Leistungen in die Berechnung einzubeziehen seien. Das BAG (v. 16.10.1991 – 5 AZR 69/91, juris) stellte fest, dass vermögenswirksame Leistungen keine Zulagen seien. Zulagen seien – aus welchen Gründen auch immer gewährte – zusätzliche Entgeltbestandteile (z.B. Staub- und Schmutzzulagen). Die vermögenswirksamen Leistungen hätten einen anderen Zweck, nämlich die Vermögensbildung in Arbeitnehmerhand. Die vermögenswirksamen Leistungen mussten also bei der Berechnung der Abfindung nicht berücksichtigt werden. Sie hätten vielmehr in dem Sozialplan gesondert aufgeführt werden müssen.

Weiter sollte der Betriebsrat darauf achten, dass Betriebsvereinbarungen sich sprachlich nicht nur an die männlichen Kollegen wenden. Welche der verschiedenen sprachlichen Möglichkeiten (z.B. ArbeitnehmerInnen; Arbeitnehmer und Arbeitnehmerinnen, Hinweis, dass bei männlicher Formulierung beide Geschlechter gemeint sind) benutzt wird, ist Geschmackssache.

VIII. Einigungsstelle

Für den Fall, dass die Verhandlungen zwischen Betriebsrat und Arbeitgeber zu keinem Ergebnis führen, sieht das Betriebsverfassungsgesetz eine Art Schlichtung vor: die Einigungsstelle. Sie kann verbindlich über die Lösung eines Problems entscheiden (siehe auch den Anhang Nr. 1). In einigen Tarifverträgen ist festgelegt, dass eine Schlichtungsstelle die Einigungsstelle ersetzt (vgl. § 76 Abs. 8 BetrVG).

Das Gesetz sieht 21 Fälle vor, in denen entweder Arbeitgeber oder Betriebsrat die Einigungsstelle anrufen können. Man spricht dann von *erzwingbaren Einigungsstellenverfahren*. Die jeweils andere Seite kann sich in diesen Fällen der Einigungsstelle nicht verweigern. Weiterhin sieht das Gesetz Einigungsstellen vor, um bestimmte Fragen der *Organisation der Betriebsratsarbeit* (z.B. Sprechstunden, § 39 Abs. 1 BetrVG) zu regeln. Geht es um die Berücksichtigung betrieblicher Belange bei der *Freistellung und Schulung* von Betriebsratsmitgliedern, kann nur der Arbeitgeber die Einigungsstelle anrufen (vgl. §§ 37 Abs. 6, 38 Abs. 2 BetrVG). Eine Besonderheit ist die Einigungsstelle zur Entscheidung über *Beschwerden von Arbeitnehmern nach § 85 BetrVG*. Hier geht es nicht um die Ausübung von Mitbestimmungsrechten des Betriebsrats, sondern die Entscheidung über individuelle Beschwerden einzelner Arbeitnehmer.

Zuständigkeit in einer Vielzahl von Fällen

Übersicht über die Einigungsstellenverfahren

Gegenstand	Norm
• Berücksichtigung von betrieblichen Belangen bei der Schulung von Betriebsratsmitgliedern	§ 37 Abs. 6 und 7 BetrVG
• Berücksichtigung betrieblicher Belange bei der Freistellung von Betriebsratsmitgliedern	§ 38 Abs. 2 BetrVG
• Zeit und Ort der Sprechstunden des Betriebsrats	§ 39 Abs. 1 BetrVG
• Verkleinerung des Gesamtbetriebsrats	§ 47 Abs. 6 BetrVG
• Verkleinerung des Konzernbetriebsrats	§§ 55 Abs. 4; 47 Abs. 6 BetrVG
• Schulungs- und Bildungsveranstaltungen für die JAV	§ 65 Abs. 1 BetrVG
• Zeit und Ort der JAV-Sprechstunden	§§ 69; 39 Abs. 1 Satz 3 BetrVG

Gegenstand	Norm
• Verkleinerung der Gesamt-Jugend- und -Auszubildenden-vertretung	§ 72 Abs. 5 BetrVG
• Verkleinerung der Konzern-Jugend- und -Auszubildenden-vertretung	§§ 73 a Abs. 4; § 72 Abs. 5 BetrVG
• Entscheidung über Beschwerden einzelner Arbeitnehmer	§ 85 Abs. 2 BetrVG
• Mitbestimmung Ordnung des Betriebes, Arbeitszeit, Sozial-einrichtungen usw.	§ 87 Abs. 1 Nr. 1 bis 13 BetrVG
• Ausgleichsmaßnahmen bei der Änderung der Arbeitsumgebung bzw. von Arbeitsabläufen entgegen den gesicherten arbeitswissen-schaftlichen Erkenntnissen	§ 91 Satz 2 BetrVG
• Personalfragebögen; persönliche Angaben in Standardarbeits-verträgen und allgemeine Beurteilungsgrundsätze	§ 94 Abs. 1 und 2 BetrVG
• Richtlinien über die personelle Auswahl bei Einstellungen, Verset-zungen, Umgruppierungen und Kündigungen	§ 95 Abs. 1 und 2 BetrVG
• Maßnahmen der betrieblichen Berufsbildung bei Anpassungs-qualifizierung	§ 97 Abs. 2 BetrVG
• Durchführung betrieblicher Bildungsmaßnahmen; Auswahl der Teilnehmer	§ 98 Abs. 3 und 4 BetrVG
• Nicht oder nicht rechtzeitige Auskunftserteilung im Wirtschaftsausschuss	§ 109 BetrVG
• Sozialplan	§ 112 Abs. 4 BetrVG
• Arbeitsplatz und Unterkunft für Mitglieder des Seebetriebsrats	§ 116 Abs. 3 BetrVG

Verhandlungen werden für ge-scheitert erklärt

Führen die Verhandlungen, z.B. über eine neue Arbeitszeitregelung (§ 87 Abs. 1 Nrn. 2, 3 BetrVG) oder ein neues Zulagensystem (§ 87 Abs.

VIII. Einigungsstelle

1 Nrn. 10, 11 BetrVG), nicht zu einem Ergebnis, kann jede Seite die Verhandlungen für gescheitert erklären und die Einigungsstelle anrufen.

Das Gesetz (§ 76 Abs. 1 Satz 2 BetrVG) lässt es zu, ständige Einigungsstellen zu bilden. Der Vorteil einer solchen Einrichtung besteht darin, dass dann ein Streit über die Besetzung der Einigungsstelle nicht mehr in jedem einzelnen Fall ausgetragen werden muss. Sie kann also schneller aktiv werden (vgl. Bösche/Grimberg, AiB 1992, 302). Sehr häufig sind ständige Einigungsstellen jedoch nicht. Zudem ist oft – abhängig vom Thema – eine andere personelle Besetzung der Einigungsstelle notwendig, um die nötige Fachkompetenz sicherzustellen.

Ständige Einigungsstelle

Die Einigungsstelle besteht aus einem unparteiischen Vorsitzenden und Beisitzern. In den meisten Fällen muss die Einigungsstelle erst noch gebildet werden. Dazu müssen Vorsitzender, Zahl der Beisitzer und die Personen festgelegt werden.

Zusammensetzung

Vorsitzende von Einigungsstellen sind in der Regel Arbeitsrichter. Das Gesetz schreibt dies allerdings nicht vor. Der Betriebsrat könnte also auch andere Personen, die ihm geeignet erscheinen, vorschlagen. Auf die Auswahl der Person des Vorsitzenden sollte der Betriebsrat besonders achten. Kommt es in der Einigungsstelle nicht zu einer einvernehmlichen Lösung, wird über den Verhandlungsgegenstand (z.B. eine Betriebsvereinbarung) abgestimmt. Dabei gibt die Stimme des Vorsitzenden den Ausschlag (§ 76 Abs. 3 BetrVG). Der Betriebsrat sollte sich daher über mögliche Vorsitzende erkundigen, bevor er einen Vorschlag macht oder den Vorschlag des Arbeitgebers akzeptiert. Ansprechpartner sind hier die Gewerkschaften, die Rechtssekretäre der DGB-Rechtsschutz GmbH oder andere Betriebsräte, die schon Einigungsstellenverfahren durchlaufen haben. Einigen sich Betriebsrat und Arbeitgeber nicht auf die Person des Vorsitzenden, entscheidet das Arbeitsgericht (§ 76 Abs. 2 BetrVG).

Arbeitgeber und Betriebsrat benennen die gleiche Anzahl an *Beisitzern*. Auf die Zahl der Beisitzer müssen sich Betriebsrat und Arbeitgeber einigen. Oft sind Arbeitgeber versucht, die Zahl der Beisitzer möglichst gering zu halten. In der Praxis werden meist zwei oder drei Beisitzer benannt. Kommt es zu Streit, gehen die meisten Gerichte davon aus, dass mindestens zwei Beisitzer die Regel sind (vgl. LAG Schleswig-Holstein v. 4.2.1997, AuR 1997, 1008 mit Anm. Hjort; LAG Frankfurt a.M. v. 29.9.1992, NZA 1993, 1008). Je nach Art des Problems, das die Einigungsstelle lösen soll, gestehen Gerichte auch drei Beisitzer zu. Das Betriebsverfassungsgesetz selbst schreibt keine Zahl vor.

Der Betriebsrat kann dabei innerbetriebliche (interne) wie auch außerbetriebliche (externe) Personen benennen. Wen der Betriebsrat als Beisitzer benennt, wird von dem Thema abhängen, das verhandelt wird. Mindestens ein Betriebsratsmitglied, das an den Verhandlungen beteiligt war, sollte entsandt werden. Daneben kann der Betriebsrat z.B. den

Interne und externe Besitzer

zuständigen Gewerkschaftssekretär benennen oder eine Person mit besonderem Sachverstand für bestimmte Dinge wie IT-Anlagen oder Akkordsysteme. Wen der Betriebsrat als Beisitzer benennt, ist seine Sache. Dem Arbeitgeber steht hier weder ein Mitspracherecht noch sonst eine Einflussmöglichkeit zur Verfügung. Entscheidend ist allein dass der Beisitzer das *Vertrauen des Betriebsrats* genießt. Er muss dem Beisitzer zutrauen, die Interessen der Arbeitnehmer in der Einigungsstelle mit der *notwendigen Sachkompetenz und Konsequenz* zu vertreten. Dies hat das Bundesarbeitsgericht ausdrücklich entschieden (BAG v. 24.4.1996, AiB 1996, 629).

Bevollmächtigter

Der Betriebsrat kann neben seinen Beisitzern auch noch *eine Vertretung vor der Einigungsstelle* haben. So kann er einen Rechtssekretär der DGB-Rechtsschutz GmbH oder Rechtsanwalt mit seiner Vertretung vor der Einigungsstelle beauftragen. Voraussetzung ist, dass das Thema der Einigungsstelle schwierige Rechtsfragen aufwirft und kein Betriebsratsmitglied über den notwendigen juristischen Sachverstand verfügt, d.h. selbst Jurist ist (vgl. BAG v. 21.6.1989, AP Nr. 34 zu 76 BetrVG 1972).

Honoraranspruch

Die *Kosten für das Einigungsstellenverfahren* hat der Arbeitgeber zu tragen (§ 76a BetrVG). Dazu zählen auch die Kosten eines Rechtsanwaltes, der den Betriebsrat vor der Einigungsstelle vertritt. Die *außerbetrieblichen Beisitzer* haben ebenso wie der Vorsitzende der Einigungsstelle einen Honoraranspruch gegenüber dem Arbeitgeber. Die Höhe des Honorars richtet sich nach dem Zeitaufwand und der Schwierigkeit des Problems, das die Einigungsstelle lösen soll. Zum Teil werden feste Stundensätze vereinbart, teilweise feste Pauschalsätze. Da der Arbeitgeber die Kosten zu tragen hat, werden diese Vereinbarungen in der Regel zwischen dem Vorsitzenden und dem Arbeitgeber getroffen. Die externen Beisitzer erhalten in der Regel 7/10 des Honorars des Vorsitzenden. Das BetrVG gibt dem Bundesminister für Arbeit und Sozialordnung die Möglichkeit, die Honorarsätze durch eine Rechtsverordnung festzulegen. Diese ist – trotz mancher Diskussionen um sie – bislang nicht erlassen worden.

Freistellung

Die *innerbetrieblichen Beisitzer* haben keinen Honoraranspruch (§ 76a Abs. 2 BetrVG). Sie werden aber für die Tätigkeit in der Einigungsstelle unter Fortzahlung der Bezüge von der Arbeit freigestellt. Dies umfasst auch die notwendige Zeit für die Vorbereitung der Einigungsstellensitzungen.

Klärungsbedürftige Aspekte

Bevor der Betriebsrat die Einigungsstelle anruft, sollte er sich über folgende Fragen Klarheit verschaffen:

- Sind die innerbetrieblichen Möglichkeiten ausgeschöpft? Gibt es noch Möglichkeiten, „Druck" auf den Arbeitgeber auszuüben, z.B. durch betriebliche Öffentlichkeitsarbeit. Gibt es noch Ansatzpunkte für „Tauschgeschäfte"?

VIII. Einigungsstelle

- Wie stehen die Chancen, dass der Betriebsrat in der Einigungsstelle seine Ziele durchsetzen kann?
- Tragen die Kolleginnen und Kollegen den Konflikt mit, wenn der Betriebsrat die Einigungsstelle anruft? Sind sie über die Auseinandersetzung genügend informiert?
- Wie bereitet der Betriebsrat die Einigungsstelle vor? Wer wird Vorsitzender, wer Beisitzer?
- Wie, wann und wo informiert der Betriebsrat die Beschäftigten über den Verlauf des Verfahrens vor der Einigungsstelle?
- Wie begegnet der Betriebsrat möglichen Gegenstrategien des Arbeitgebers (dieser verzögert z.B. die Einsetzung der Einigungsstelle durch Hervorrufen eines Streits über den Vorsitz und die Zahl der Beisitzer)?

Die Einigungsstelle *wird vom Vorsitzenden geleitet.* Beide Seiten machen ihn vor und während der Einigungsstelle mit ihrer Sicht des Sachverhalts vertraut. Die Einigungsstelle betreibt selbst weitere Sachaufklärung. Sie kann, wenn notwendig, auch Sachverständige hinzuziehen (BAG v. 13.11.1991, AiB 1992 457 f.). | Verfahrensgang

Der Vorsitzende wird in der Regel versuchen, eine *einvernehmliche Lösung des Problems* zu erreichen. Gelingt dies, wird die Betriebsvereinbarung nach den entsprechenden Vorschriften geschlossen. Kommt es zu keiner Einigung, fasst die Einigungsstelle einen *Beschluss.* Dieser kann auf einem Vorschlag des Vorsitzenden beruhen. Jede Partei kann aber auch ihren eigenen Vorschlag machen.

Die Einigungsstelle hat bei ihrer Entscheidung – so will es das Gesetz – die Belange des Betriebes und die der betroffenen Arbeitnehmer angemessen zu berücksichtigen (§ 76 Abs. 5 BetrVG). Sie ist weiterhin an zwingende gesetzliche Vorschriften (z.B. das Arbeitszeitgesetz) gebunden. Eine Entscheidung einer Einigungsstelle, dass die Regelarbeitszeit täglich 12 Stunden beträgt, wäre unwirksam. Auch die Tarifverträge, die im Betrieb gelten, muss die Einigungsstelle beachten. Innerhalb dieser Grenzen steht der Einigungsstelle ein Ermessensspielraum zu.

Bei der *ersten Abstimmung* muss sich der Vorsitzende der Stimme enthalten (§ 76 Abs. 3 BetrVG). Diese erste Abstimmung bringt in der Regel keine Mehrheit für einen Beschlussvorschlag. Beide Seiten haben ja die gleiche Anzahl von Beisitzern. Diese stimmen meist einheitlich ab. An der folgenden *Abstimmung* nimmt der Vorsitzende teil. Seine Stimme gibt dann den Ausschlag. Das Ergebnis der Einigungsstelle wird von den Juristen *„Spruch"* genannt. | Entscheidungsfindung

Dieser Spruch hat in den Fällen, in denen die Mitbestimmung des Betriebsrats durch Betriebsvereinbarungen ausgeübt wird, dieselben *Wirkungen wie eine Betriebsvereinbarung* (vgl. § 77 Abs. 2 Satz 2 BetrVG). | Wirkung eines Spruchs

Überprüfung des Spruchs der Einigungsstelle

Was kann der Betriebsrat tun, wenn ihm der Inhalt des Einigungsstellenspruches nicht gefällt, weil z.B. der Vorsitzende für den Vorschlag des Arbeitgebers gestimmt hat? Eine zweite Instanz, eine Art Berufungsverfahren gibt es bei der Einigungsstelle nicht. Dem Betriebsrat bleibt nur die Möglichkeit, den *Spruch der Einigungsstelle vor dem Arbeitsgericht überprüfen zu lassen.* Dies muss binnen zwei Wochen geschehen, nachdem der Vorsitzende den Beschluss der Einigungsstelle den Parteien zugesandt hat. Begründet werden kann dieser Antrag nur damit, dass die Einigungsstelle die Grenzen ihres Ermessens (§ 76 Abs. 5 BetrVG) überschritten hat.

Vollständige und teilweise Unwirksamkeit

Entscheidet das Arbeitsgericht, dass die Einigungsstelle ihr Ermessen überschritten hat, so ist der Spruch unwirksam. Dies kann sich auf den ganzen Spruch der Einigungsstelle beziehen, aber auch nur auf einzelne Teile. In Bezug auf die unwirksamen Teile gibt es dann weiterhin keine Einigung zwischen Arbeitgeber und Betriebsrat. Die Einigungsstelle muss dann erneut eine Einigung bzw. Entscheidung herbeiführen. Sie hat dabei die Auffassung des Gerichts zu berücksichtigen.

Bevor der Betriebsrat den Spruch anficht, sollte er sich unbedingt über die rechtlichen Aussichten des Verfahrens beraten lassen.

Unzulässige Mittel und Wege

Wäre es nicht einfacher, der Betriebsrat könnte die Kolleginnen und Kollegen auffordern, die Arbeit niederzulegen, um so mehr Druck zu machen und damit zum Abschluss einer Betriebsvereinbarung zu kommen? – Manchmal schon. Aber das Betriebsverfassungsgesetz verbietet Arbeitskämpfe zwischen Betriebsrat und Arbeitgeber (§ 74 Abs. 2 BetrVG).

IX. Umsetzung und Fortschreibung von Betriebsvereinbarungen

Die besten Betriebsvereinbarungen nützen nichts, wenn sie keiner kennt und sie nicht in der Praxis umgesetzt werden. Daher sollte der Betriebsrat hierauf in der Praxis sein besonderes Augenmerk richten.

1. Information der Arbeitnehmer

Die Regelungen einer Betriebsvereinbarung gelten unmittelbar und zwingend für alle Arbeitnehmer des Betriebes. Das Gesetz schreibt daher vor, dass der Arbeitgeber die Betriebsvereinbarungen *im Betrieb an geeigneter Stelle auszulegen* hat (§ 77 Abs. 2 BetrVG). Damit soll allen Arbeitnehmern die Möglichkeit gegeben werden, sich über die zwischen Betriebsrat und Arbeitgeber vereinbarten Inhalte zu informieren. Oft werden Betriebsvereinbarungen *am schwarzen Brett ausgehängt* oder nur mitgeteilt, dass die Vereinbarungen an einer bestimmten Stelle im Betrieb eingesehen werden können. Die Beachtung dieser Vorschrift ist keine Wirksamkeitsvoraussetzung für die Betriebsvereinbarung (DKK-Berg, § 77 Rn. 33). Auch wenn der Arbeitgeber sich nicht daran hält, gilt also die Betriebsvereinbarung. Mithin muss der Betriebsrat sicherstellen, dass es nicht allein beim Aushang am schwarzen Brett bleibt. Vielfach werden Aushänge nicht gelesen. Auch hat der Betriebsrat ein eigenes Interesse, den Inhalt der Vereinbarungen besser in der Betriebsöffentlichkeit bekannt zu machen. Die Vereinbarung ist ja auch das Ergebnis seiner Arbeit, sein Erfolg.

Je nach Situation im Betrieb kommen zur Information der Beschäftigten insbesondere in Betracht:

- Berichte auf Betriebs- und Abteilungsversammlungen;
- Rundschreiben des Betriebsrats;
- Artikel des Betriebsrats in Werkszeitungen;
- Versand der Betriebsvereinbarung über E-Mail an alle Arbeitnehmer;
- Anlegen einer Betriebsvereinbarungsdokumentation im Intranet.

In Betrieben mit einer größeren Anzahl von *ausländischen* Kollegen, deren Deutschkenntnisse nicht ausreichend sind, sollte der Betriebsrat dafür sorgen, dass der wesentliche Inhalt übersetzt und bekannt gemacht wird.

Informationspflicht des Arbeitgebers

Geeignete Mittel zur Information der Belegschaft

2. Durchführung von Betriebsvereinbarungen

Umsetzungspflicht des Arbeitgebers

Betriebsvereinbarungen, so sieht es das Betriebsverfassungsgesetz in § 77 Abs. 1 BetrVG vor, sind vom Arbeitgeber durchzuführen, d.h. umzusetzen. Dabei darf der Betriebsrat nicht durch einseitige Handlungen in die Leitung des Betriebes eingreifen. Mit dieser Vorschrift will das Betriebsverfassungsgesetz die Leitungsmacht des Arbeitgebers sicherstellen. Hieraus ergibt sich – quasi als Umkehrschluss – auch die Pflicht des Arbeitgebers, geschlossene Betriebsvereinbarungen durchzuführen. Dem Betriebsrat obliegt es nach § 80 Abs. 1 Nr. 1 BetrVG, die Durchführung von Betriebsvereinbarungen zu kontrollieren.

Kontrollfunktion des Betriebsrats

Wenn der Arbeitgeber untätig bleibt

Welche Möglichkeiten hat der Betriebsrat nun, wenn der Arbeitgeber Betriebsvereinbarungen nicht umsetzt? Zunächst sollte der Betriebsrat hierüber die betriebliche Öffentlichkeit (d.h. die Kollegen) in geeigneter Weise (Aushang, Betriebsversammlung usw.) informieren. Zudem muss er den Arbeitgeber auffordern, die Betriebsvereinbarung – so wie abgeschlossen – einzuhalten (Musterschreiben siehe DKKF-Berg, § 77 Rn. 4).

Setzt der Arbeitgeber trotzdem die Betriebsvereinbarung nicht um, kann der Betriebsrat dem Arbeitgeber im Wege des Beschlussverfahrens vom Arbeitsgericht aufgeben lassen, die Betriebsvereinbarung durchzuführen (BAG v. 29.4.2004, NZA 04, 670). Im Einzelfall kann der Betriebsrat auch eine einstweilige Verfügung gegenüber dem Arbeitgeber erwirken, mit der aufgegeben wird, Maßnahmen, die der Betriebsvereinbarung zuwiderlaufen, zu unterlassen (LAG Frankfurt v. 24.11.1987, BB 1988, 1461; LAG Frankfurt v. 12.7.1988, AiB 1988, 288, LAG Hamm v. 6.2.2001, AiB 2001, 489.).

Beispiel für eine Inanspruchnahme des Arbeitgebers:

> In einer Betriebsvereinbarung ist vereinbart worden, dass alle Arbeitnehmer eines Betriebes am 1. Dezember eine Zahlung von 200,00 € erhalten. Der Arbeitgeber zahlt die 200,00 € nicht. Der Betriebsrat kann den Arbeitgeber vor dem Arbeitsgericht auf Durchführung der Betriebsvereinbarung, sprich auf Zahlung der 200,00 € an die einzelnen Arbeitnehmer, in Anspruch nehmen. Einfacher in diesem Fall wären allerdings Einzelklagen der betroffenen Arbeitnehmerinnen und Arbeitnehmer. Eine solche Klage würde zu einem vollstreckbaren Titel führen, mit dem der einzelne Arbeitnehmer seinen Anspruch schneller durchsetzen könnte.

IX. Umsetzung und Fortschreibung von Betriebsvereinbarungen

Beispiel für die Handlungsmöglichkeiten des Betriebsrats:

> Betriebsrat und Arbeitgeber haben für die Hauptverwaltung eines Unternehmens einen Arbeitszeitrahmen vereinbart. Danach darf die Arbeit frühestens ab 6.00 Uhr morgens begonnen werden. Sie muss spätestens um 20.00 Uhr enden. Der Betriebsrat stellt fest, dass wiederholt Kollegen nach 20.00 Uhr im Betrieb arbeiten. Hier könnte der Betriebsrat dem Arbeitgeber aufgeben, dafür zu sorgen, dass nach 20.00 Uhr – entsprechend der Betriebsvereinbarung – keine Arbeitnehmer mehr im Betrieb arbeiten.

Die Vorschrift, nach der der Arbeitgeber Betriebsvereinbarungen durchzuführen hat, ist dispositiv. Dies bedeutet, dass von der gesetzlichen Vorschrift abgewichen werden kann. Dies muss sich jedoch ausdrücklich aus der Betriebsvereinbarung ergeben. In der Praxis gibt es Beispiele dafür, *dass insbesondere Sozialeinrichtungen* (Kantine, Sportanlagen usw.), über deren Errichtung oder Durchführung Betriebsvereinbarungen geschlossen worden sind, *von Betriebsräten verwaltet* werden. Bevor ein Betriebsrat die Durchführung einer Betriebsvereinbarung übernimmt, insbesondere die Verwaltung von Sozialeinrichtungen, sollte er genau prüfen, ob er hierfür die notwendigen Arbeitskapazitäten zur Verfügung hat.

Durchführung der Vereinbarung kann übertragen werden

Um die dem Betriebsrat obliegende *Kontrolle der Durchführung von Betriebsvereinbarungen* nach § 80 Abs. 1 Nr. 1 BetrVG zu erleichtern, sollte sich der Betriebsrat bei Abschluss jeder Betriebsvereinbarung überlegen, wie er die Durchführung dieser Vereinbarung kontrollieren will. Dies wird je nach Gegenstand der Betriebsvereinbarung unterschiedlich ausfallen. Um zum Beispiel eine Vereinbarung über flexible Arbeitszeiten mit Arbeitszeitkonten kontrollieren zu können, benötigt der Betriebsrat Informationen über die jeweiligen Stände der Arbeitszeitkonten der einzelnen Arbeitnehmer. Nur so kann er feststellen, ob die Betriebsvereinbarung auch tatsächlich eingehalten wird. Solche Informationen sind aber nicht nur für die Frage der Durchführung bzw. Kontrolle der Betriebsvereinbarung notwendig, sondern bilden zugleich auch die Grundlage für die weitere Arbeit des Betriebsrats.

Hinweise für die Praxis

Um späteren Streit über die für die Kontrolle notwendigen Informationen zu vermeiden, sollten die *Informations- und Kontrollrechte* in der Betriebsvereinbarung geregelt werden.

> **Beispiel** für die Vereinbarung von Informations- und Kontrollrechten:
>
> Bei IT-Vereinbarungen benötigt der Betriebsrat den Zugang zum jeweiligen IT-System und die Möglichkeit, entsprechende Kontrollen im Hinblick auf die Verwendung der gespeicherten Daten.
>
> Zu Beginn der flächendeckenden Einführung von IT wurde vielfach vereinbart, dass Betriebsräte quasi von allem Kontrolllisten ausgedruckt bekommen sollten. Die Praxis ist inzwischen hiervon wieder abgewichen. Die dabei anfallenden Mengen an Papier und Daten waren in der Praxis oftmals nicht zu bewältigen. Demgegenüber werden nunmehr vielfach Kontrollrechte vereinbart, so dass der Betriebsrat stichprobenartig die Verwendung der Daten überwachen kann. Insbesondere im IT-Bereich sollte die Betriebsvereinbarung auch Regelungen darüber enthalten, ob und wie weit der Betriebsrat für diese Kontrolltätigkeiten eigene Sachverständige auf Kosten des Unternehmens (§ 80 Abs. 3 BetrVG) oder aber betriebliche Auskunftspersonen (§ 80 Abs. 2 Satz 3 BetrVG) hinzuziehen kann.

3. Fortschreibung von Betriebsvereinbarungen

Laufende Überprüfung

Betriebsvereinbarungen sind nicht für die Ewigkeit gemacht. Die betrieblichen Gegebenheiten und der rechtliche Rahmen ändern sich ständig. Daher müssen auch Betriebsvereinbarungen laufend überprüft und an die veränderten Bedingungen angepasst werden. Dies gilt nicht nur für Vereinbarungen, die Prozesse wie Gruppenarbeit regeln. Auch Arbeitsordnungen, IT-Vereinbarungen, Übereinkünfte zum Arbeits- und Gesundheitsschutz usw. müssen angepasst werden.

Bei Änderungen in Gesetzen bzw. Tarifverträgen sollte der Betriebsrat überlegen, inwieweit dies Auswirkungen auf die von ihm abgeschlossenen Vereinbarungen hat.

Darüber hinaus könnte der Betriebsrat alle Betriebsvereinbarungen nach einer bestimmten Frist (z.B. zwei Jahre) prüfen, ob sie noch den betrieblichen, gesetzlichen und tariflichen Bedingungen entsprechen.

X. Übertragung von Aufgaben des Betriebsrats auf Arbeitsgruppen

Der Betriebsrat kann – in Betrieben mit mehr als 100 Arbeitnehmern – bestimmte seiner Aufgaben auf Arbeitsgruppen übertragen (§ 28a BetrVG). Maßgeblich für die Arbeitnehmerzahl sind die in der Regel beschäftigten Arbeitnehmer (DKK-Wedde, § 28a Rn. 11; vgl. § 9 BetrVG) zum Zeitpunkt der Übertragung. Voraussetzungen sind ein formeller Übertragungsbeschluss des Betriebsrats und eine Rahmenvereinbarung mit dem Arbeitgeber. Die Arbeitsgruppen können dann – soweit dies der Übertragungsbeschluss des Betriebsrates beinhaltet – Vereinbarungen mit dem Arbeitgeber abschließen. Einigt die Gruppe sich nicht mit dem Arbeitgeber, fällt das Beteiligungsrecht wieder an den Betriebsrat. Die neue Vorschrift soll, so die Gesetzesbegründung, „Bedürfnissen der Praxis und dem Wunsch der Arbeitnehmer nach mehr unmittelbarer Beteiligung Rechnung tragen".

Die Einbeziehung von direkt Betroffenen gibt es im Rahmen beteiligungsorientierter Betriebsratsarbeit schon länger. Allerdings ist sie noch nicht die Regel. Auch Unternehmen haben auf der Basis von Betriebsvereinbarungen, z.B. im Rahmen von Gruppenarbeitskonzepten oder Qualitätszirkeln, Arbeitnehmer einbezogen. Soweit es um die Durchführung von Gruppenarbeit geht, ist das Mitbestimmungsrecht des Betriebsrats bei Durchführung von Gruppenarbeit gem. § 87 Abs. 1 Nr. 13 BetrVG zu beachten.

Einbeziehung Betroffener

1. Was ist eine Arbeitsgruppe?

Das Gesetz selbst definiert den Begriff der Arbeitsgruppe nicht. In der Gesetzesbegründung heißt es, eine Übertragung komme „insbesondere bei Gruppenarbeit i.S.v. § 87 Abs. Nr. 13 BetrVG, aber auch bei sonstiger Team- und Projektarbeit sowie für bestimmte Beschäftigungsarten und Arbeitsbereiche in Frage" (BT-Drs. 14/5741, 40). Der Begriff der Arbeitsgruppe in § 28 a BetrVG ist weiter gefasst als der in § 87 Abs. 1 Nr. 13 BetrVG. Versteht man den Begriff weit, ist eine Arbeitsgruppe jede Mehrheit von Arbeitnehmern, denen bestimmte, abgrenzbare Arbeitsaufgaben übertragen worden bzw. die im Arbeitsprozess miteinander verbunden sind (Malottke, AiB 2001, 625, 626; vgl. DKK-Wedde, § 28a Rn. 14; Fitting, § 28a Rn. 12).

Dies können Gruppen im Rahmen von Gruppenarbeit sein, aber auch Projektteams oder bestimmte Abteilungen im Betrieb. Unerheblich ist, ob die Arbeitsgruppe dauerhaft oder nur für einen bestimmten Zeitraum zusammenarbeitet.

Der Betriebsrat sollte darauf achten, dass in der Rahmenvereinbarung festgelegt wird, wer zu einer Arbeitsgruppe gehört. Sind z.B. die Abteilungsleiterin und ihr Stellvertreter ebenfalls Mitglieder der Arbeitsgruppe? Wenn ja, stimmen sie auch mit ab. Da die Gruppe bzw. ihre Vertreter mit dem Arbeitgeber verhandeln, muss auch festgelegt werden, wer auf Arbeitgeberseite Verhandlungspartner ist. Es ist nicht möglich, zugleich Mitglied der Arbeitsgruppe und Vertreter des Arbeitgebers zu sein.

Die Festlegung, wer zu einer Arbeitsgruppe gehört, kann durch einen Anhang zur Rahmenvereinbarung in Form einer Namensliste erfolgen. Ebenso ist es möglich, die Mitglieder der Arbeitsgruppe über ihre Funktion, z.B. auf Basis von Stellenbeschreibungen zuzuordnen.

2. Welche Aufgaben kann der Betriebsrat übertragen?

Zwischen den auf die Arbeitsgruppe übertragenen Aufgaben und ihrer Tätigkeit muss ein innerer Zusammenhang bestehen (vgl. Malottke a.a.O., 627). Allerdings, mit ein wenig gutem Willen, lassen sich alle denkbaren Inhalte einer Betriebsvereinbarung in einen Zusammenhang mit den Tätigkeiten einer Arbeitsgruppe bringen (DKK-Wedde, § 28a Rn. 15 ff.).

Die Aufgaben müssen einen Bezug zur Tätigkeit der Arbeitsgruppe und nicht zur Arbeit oder Arbeitsleistung des Einzelnen haben (DKK-Wedde, § 28a Rn. 45, 30 ff.).

Personelle Einzelmaßnahmen

Damit scheiden alle Aufgaben des Betriebsrats im Bereich der personellen Einzelmaßnahmen (§§ 99, 102 BetrVG) aus. Zudem ist der Betriebsrat gehalten, bei personellen Einzelmaßnahmen über die Interessen der Gruppe hinausgehende Gesichtspunkte zu berücksichtigen. So muss z.B. der Betriebsrat prüfen, ob eine Einstellung oder Versetzung zu Nachteilen für andere Arbeitnehmer im Betrieb führen kann (§ 99 Abs. 2 Nr. 3 BetrVG). Diese Prüfung kann die Arbeitsgruppe praktisch kaum durchführen, da ihr die Informationen für den gesamten Betrieb fehlen. Sie hat, im Gegensatz zum von allen Arbeitnehmern gewählten Betriebsrat, nur eine Legitimation für ihre eigenen Angelegenheiten.

Interessenausgleich – Sozialplan

Ebenso wenig können ihr die Verhandlungen und der Abschluss eines Interessenausgleiches bzw. Sozialplanes übertragen werden (DKK-Wedde, § 28a Rn. 31).

Weiterhin von einer Übertragung sind alle Aufgaben ausgeschlossen, die eine Regelung für den ganzen Betrieb oder für Arbeitnehmer, die nicht zur Arbeitsgruppe gehören, betreffen. Hierzu zählen z.B. die betriebliche Altersversorgung, der Personalfragebogen oder die Auswahlrichtlinien (§§ 94, 95 BetrVG).

X. Übertragung von Aufgaben des Betriebsrats auf Arbeitsgruppen

Beispiele für Aufgaben die auf Arbeitsgruppen übertragen werden können:

- Regelung von Beginn und Ende der Arbeitszeit sowie der Pausen für die Arbeitsgruppe (§ 87 Abs. 1 Nr. 2 BetrVG)
- Urlaubsplan für die Arbeitsgruppe (§ 87 Abs. 1 Nr. 5 BetrVG)
- Grundsätze für die Verteilung von Prämien innerhalb der Gruppe (§ 87 Abs. 1 Nr. 10, 11 BetrVG)
- Maßnahmen der Berufsbildung innerhalb der Gruppe (§ 98 BetrVG)
- Vertretungsreglungen in der Arbeitsgruppe
- Organisation der Arbeit in der Gruppe, wie z.B. Reihenfolge der Arbeitsabwicklung, Wechsel der Tätigkeiten in der Arbeitsgruppe

Beispiele für Aufgaben, die *nicht* auf eine Arbeitsgruppe übertragen werden können:

- Regelung der betrieblichen Altersvorsorge im Betrieb (§ 87 Abs. 1 Nr. 8 BetrVG)
- Einrichtung und Ausgestaltung des Betriebsrestaurants (§ 87 Abs. 1 Nr. 8 BetrVG)
- Aufstellung von Personalfragebögen und Auswahlrichtlinien (§§ 94, 95 BetrVG)
- Mitbestimmung bei personellen Einzelmaßnahmen (§§ 99, 102 BetrVG)
- Aufstellung von Interessenausgleich und Sozialplan (§§ 111, 112 BetrVG)

3. Entscheidungen und Arbeit in der Arbeitsgruppe

Wie entscheidet nun die Arbeitsgruppe? Das Gesetz schreibt vor, dass die „Mehrheit der Stimmen der Gruppenmitglieder" für eine Vereinbarung notwendig ist. Dies bedeutet, dass immer die *absolute Mehrheit* der Stimmen erforderlich ist und nicht nur die Mehrheit derjenigen, die an der *Abstimmung* teilnehmen oder gerade am Abstimmungstag im Betrieb sind. Das Gesetz schreibt es zwar nicht ausdrücklich vor, aber trotzdem müssen die Abstimmungsergebnisse dokumentiert werden. Andernfalls ließe sich im Streitfall nur schwer beweisen, dass die Mehrheit der Arbeitnehmer für eine Vereinbarung gestimmt hat. Um Auseinandersetzungen über die Art und Weise der Abstimmungen in der Gruppe zu vermeiden, sollten Betriebsrat und Arbeitgeber in der Rahmenvereinbarung Regeln festlegen.

Gruppensprecher

Auch die Frage, ob alle Mitglieder der Arbeitsgruppe an den *Verhandlungen* teilnehmen oder nur von ihr gewählte oder beauftragte Arbeitsgruppensprecher, ist im Gesetz nicht festgelegt. In kleineren Gruppen, z.B. mit vier oder fünf Mitgliedern, ist es möglich, alle an den Verhandlungen zu beteiligen. Bei größeren Gruppen sollte der Betriebsrat die Wahl eines Gruppensprechers und eines Stellvertreters in die Rahmenvereinbarung aufnehmen.

Die Rechtsstellung der Arbeitsgruppenmitglieder und ihrer Sprecher ist im Betriebsverfassungsgesetz nicht ausdrücklich geregelt. Da die Mitglieder der Arbeitsgruppe Aufgaben des Betriebsrats wahrnehmen, sind ein Teil der gesetzlichen Bestimmungen über die Rechtsstellung der Betriebsratsmitglieder auch auf Arbeitsgruppenmitglieder anzuwenden. So sind die *Kosten,* die dadurch entstehen, dass die Arbeitsgruppe Aufgaben des Betriebsrats selbst wahrnimmt, entsprechend gem. § 40 BetrVG vom *Arbeitgeber zu tragen* (Fitting, § 28a Rn. 39).

Freistellung

Die Arbeitsgruppenmitglieder sind für die Zeit, in der sie die übertragenen Aufgaben des Betriebsrats wahrnehmen, entsprechend § 37 Abs. 2 BetrVG von der Arbeit unter Fortzahlung des Entgelts freizustellen. Gleiches gilt für außerhalb der normalen Arbeitszeit liegende Tätigkeiten, etwa des Gruppensprechers.

Das allgemeine Diskriminierungsverbot des § 78 BetrVG gilt auch für Arbeitsgruppenmitglieder (vgl. Fitting, § 28a Rn. 39). Da sich dies allerdings aus dem Gesetzeswortlaut des § 28a BetrVG nicht ergibt, ist es trotzdem ratsam, dazu entsprechende Vereinbarungen abzuschließen um evtl. Schwierigkeiten vorzubeugen.

Der Betriebsrat sollte trotzdem die Rechtsstellung der Arbeitsgruppenmitglieder, d.h. insbesondere ihren Schutz vor möglichen Repressalien des Arbeitgebers, ausdrücklich in der Rahmenvereinbarung regeln. In die Rahmenvereinbarung sind daher ein Verbot der Benachteiligung der Gruppenmitglieder sowie ein besonderer Kündigungsschutz mindestens für die Gruppensprecher aufzunehmen.

Jede erfolgreiche Einführung von Gruppenarbeit im Betrieb ist von intensiven *Schulungen* begleitet gewesen. Soll die Übertragung der Aufgaben des Betriebsrats wirklich zu mehr „unmittelbarer Beteiligung der Arbeitnehmer" führen, sind Schulungen unerlässlich. Diese sollten Methoden der Konfliktlösung innerhalb einer Arbeitsgruppe ebenso, wie allgemeine Praktiken der sozialen Kompetenz umfassen.

Alle diese Fragen muss der Betriebsrat, da sie im Gesetz nicht geregelt sind, in der Rahmenvereinbarung klären (siehe Anhang Nr. 3, Checkliste für die Übertragung von Aufgaben auf Arbeitsgruppen).

X. Übertragung von Aufgaben des Betriebsrats auf Arbeitsgruppen

4. Vereinbarungen der Arbeitsgruppe

Die Arbeitsgruppe kann mit dem Arbeitgeber Vereinbarungen schließen. § 77 BetrVG findet entsprechende Anwendung. Damit gelten alle Regelungen für den Abschluss, die Form sowie die Kündigung der Betriebsvereinbarung auch für die Arbeitsgruppenvereinbarung. Ebenso wie Betriebsvereinbarungen begründen die Arbeitsgruppenvereinbarungen unmittelbare Rechte und Pflichten für die Gruppenmitglieder und den Arbeitgeber. Einigen sich Arbeitsgruppe und Arbeitgeber nicht, nimmt der Betriebsrat das Beteiligungsrecht wahr.

Die Einigungsstelle kann nur durch den Betriebsrat und nicht durch die Arbeitsgruppe angerufen werden. Arbeitsgruppenvereinbarungen können also nur im Konsens mit dem Arbeitgeber zustande kommen.

Arbeitsgruppenvereinbarungen müssen, um wirksam zu sein: | **Voraussetzungen**

- schriftlich abgeschlossen werden,
- unterzeichnet werden,
- auf einem ordnungsgemäßen Beschluss der Arbeitsgruppe beruhen.

Nicht notwendig ist es, dass alle Arbeitsgruppenmitglieder die Vereinbarung unterzeichnen. Sofern die Arbeitsgruppe per Beschluss eines oder mehrere ihrer Mitglieder beauftragt hat, die Vereinbarung zu unterzeichnen, ist dies ausreichend. Auch kann die Gruppe Mitglieder mit der Aushandlung der Vereinbarung beauftragen, etwa einen gewählten Gruppensprecher. Sofern die Rahmenvereinbarung hierfür Regelungen getroffen hat, sind diese für die Arbeitsgruppe verbindlich.

Die Kündigung einer Arbeitsgruppenvereinbarung bedarf ebenfalls eines Beschlusses der Mehrheit der Arbeitsgruppenmitglieder. | **Kündigung**

Auch formlose Regelungsabreden kann die Arbeitsgruppe mit dem Arbeitgeber treffen.

Die Arbeitsgruppe kann nur Vereinbarungen mit Wirkung für sich selbst schließen, d.h. die sie selbst betreffen. Für Arbeitnehmer in anderen Arbeitsgruppen oder Abteilungen kann sie keine Festlegungen treffen.

Beispiel 1: Grenzen der Arbeitsgruppenvereinbarung

> Eine Gruppe aus der Produktion regelt ihre Arbeitszeit und könnte mit dem Arbeitgeber vereinbaren, dass ihre Frühschicht nicht mehr um 6.00 Uhr, sondern schon um 5.00 Uhr beginnt. Wenn sie jedoch auf die gleichzeitige Anwesenheit von Arbeitnehmern aus anderen Abteilungen, z.B. der innerbetrieblichen Logistik, angewiesen ist, kann sie für diese nicht den früheren Arbeitsbeginn festlegen.

Beispiel 2: Grenzen der Arbeitsgruppenvereinbarung

> Der Arbeitgeber setzt eine Projektgruppe „Arbeitszeit" ein, die ein neues Arbeitszeitmodell für den gesamten Betrieb entwickeln soll. Diese besteht aus Arbeitnehmern verschiedener Abteilungen. Das Ergebnis der Arbeitsgruppe gefällt dem Arbeitgeber. Er möchte mit der Gruppe dieses Modell für den gesamten Betrieb vereinbaren. Dies ist nicht möglich. Die Projektgruppe kann nicht für Nichtmitglieder Vereinbarungen treffen. Sie kann nur, z.B. für die Dauer des Projekts, ihre Arbeitszeit regeln, sofern der Betriebsrat ihr dies übertragen hat.

Die Arbeitsgruppe muss ebenso wie der Betriebsrat den Vorrang des Tarifvertrages gem. § 77 Abs. 3 BetrVG beachten, d.h. Abweichungen vom geltenden Tarifvertrag sind nur dann zulässig, wenn dieser ausdrücklich eine Öffnungsklausel enthält. Die derzeit geltenden Tarifverträge enthalten nur Öffnungsklauseln für Betriebsvereinbarungen. Eine solche Öffnungsklausel beinhaltet nicht das Recht einer Arbeitsgruppe, der Aufgaben nach § 28a BetrVG übertragen wurden, vom Tarifvertrag abzuweichen. Auch an zwingende gesetzliche Vorschriften sind die Arbeitsgruppen gebunden.

Die zwischen Arbeitgeber und Arbeitsgruppe getroffenen Vereinbarungen muss der Arbeitgeber umsetzen (§ 77 Abs. 1 BetrVG).

5. Übertragungsbeschluss, Rahmenvereinbarung

Um Aufgaben des Betriebsrats auf eine Arbeitsgruppe zu übertragen bedarf es

- eines Übertragungsbeschlusses des Betriebsrats und
- einer Rahmenvereinbarung mit dem Arbeitgeber.

Der *Übertragungsbeschluss* des Betriebsrats erfordert die *absolute Mehrheit,* d.h. die Mehrheit aller Betriebsratsmitglieder, nicht nur der an der Abstimmung teilnehmenden. Für einen wirksamen Beschluss ist die Schriftform erforderlich (DKK-Wedde, § 28a Rn. 50). Der vollständige Beschluss muss sowohl dem Arbeitgeber wie den Mitgliedern der Arbeitsgruppe übermittelt werden. Wichtig ist es für den Betriebsrat, die im Beschluss enthaltenen Vorgaben und Beschränkungen für die Arbeitsgruppe mitzuteilen.

Die *Rahmenvereinbarung* (Muster s. DKKF-Wedde, § 28a Rn. 3) über die Aufgabenübertragung ist eine freiwillige Betriebsvereinbarung. Weder Betriebsrat noch Arbeitgeber können sie also über die Einigungsstelle durchsetzen.

X. Übertragung von Aufgaben des Betriebsrats auf Arbeitsgruppen

Die Rahmenvereinbarung muss festlegen, welche Beteiligungsrechte auf die Arbeitsgruppe übertragen werden. Dies sollte so genau wie möglich geschehen. Wenn der Betriebsrat zum Beispiel Aufgaben im Bereich der Arbeitszeit (§ 87 Abs. 1 Nr. 2 BetrVG) überträgt, muss er klarstellen, ob dies sich nur auf Pausen oder auch auf Beginn und Ende der Arbeitszeit bezieht.

Die Rahmenvereinbarung – ebenso wie der Übertragungsbeschluss – kann Vorgaben für die Arbeitsgruppe enthalten. So kann z.B. bei der Urlaubsplanung die Vorgabe gemacht werden, dass Eltern mit schulpflichtigen Kindern Vorrang haben bei der Urlaubsgewährung in den Schulferien.

Vorgaben

Eindeutig festgelegt werden muss auch das Verhältnis von geltenden Betriebsvereinbarungen und Vereinbarungen der Arbeitsgruppe. Darf eine Arbeitsgruppenvereinbarung hiervon abweichen oder nicht?

Auch sollte in Übertragungsbeschluss und Rahmenvereinbarung festgelegt werden, dass der Betriebsrat vor Abschluss einer Arbeitsgruppenvereinbarung informiert werden muss und auch das Recht hat, an den Gruppenbesprechungen und etwaigen Verhandlungen teilzunehmen.

Je mehr Vorgaben in der Rahmenvereinbarung der Arbeitsgruppe gemacht werden, desto mehr wird ihr eigener Gestaltungsspielraum eingeschränkt. Dieses Spannungsverhältnis aufzulösen wird nicht leicht sein.

Beispiel für Konflikte innerhalb der Arbeitsgruppe und Vorgaben des Betriebsrats:

> Der Betriebsrat überträgt die Regelung der Arbeitszeit auf eine Arbeitsgruppe. Die Mitglieder der Arbeitsgruppe sind überwiegend Singles. Diese möchten, dass die Arbeitszeit erst um 11.00 Uhr beginnt und um 19.00 Uhr endet. Lediglich zwei Mitglieder der Gruppe haben Kinder im Kindergarten. Diese wünschen einen Beginn um 8.00 Uhr, da sie dann ihre Kinder rechtzeitig aus dem Kindergarten abholen können. Dies wäre bei einem Arbeitsende um 19.00 Uhr nicht möglich. Entscheidet die Gruppe mit Mehrheit nur nach den Interessen der Singles, könnten die Eltern im Extremfall nicht mehr in der Gruppe arbeiten.

Der Betriebsrat ist jedoch nach dem neuen BetrVG ausdrücklich verpflichtet, die Vereinbarkeit von Familie und Erwerbstätigkeit zu fördern (§ 80 Abs. 1 Nr. 2 b BetrVG). Er könnte und sollte diese Verpflichtung auch in die Rahmenvereinbarung als Vorgabe für die Arbeitsgruppe aufnehmen. Auch sein Übertragungsbeschluss sollte diese Bedingung enthalten, also festlegen, dass die Vereinbarungen der Gruppe so gestaltet sein müssen, dass die Öffnungszeiten von Kindergärten berücksichtigt werden.

Allein mit schriftlichen Vorgaben für die Arbeitsgruppen ist es in der Praxis aber nicht getan. Vor einer Übertragung muss der Betriebsrat intensiv mit den Arbeitsgruppenmitgliedern sprechen. Zu klären ist auch, ob diese überhaupt eine Übertragung wünschen und wenn ja, zu welchen Bedingungen. Eine Übertragung ist nach dem Gesetz nicht an die Zustimmung der Arbeitsgruppe gebunden. Gegen deren Willen sollte aber kein Betriebsrat Aufgaben übertragen. Dies würde in der Regel scheitern.

6. Verhältnis Betriebsrat – Arbeitsgruppe

Der § 28 a BetrVG birgt Chancen und Gefahren. Die Übertragung kann zu einer besseren Einbeziehung der Betroffenen in die Betriebsratsarbeit führen, weil diese erfahren, dass der Betriebsrat nicht nur an ihrer Meinung interessiert ist, sondern gemeinsam mit ihnen Lösungen erarbeitet. Sie bietet die Chance für mehr Demokratie im Betrieb, weil mehr Arbeitnehmer direkt in die Gestaltung ihrer Arbeit einbezogen werden können.

Chancen

Risiken

Sie kann jedoch auch zu einer Aufspaltung der Belegschaft führen, wenn die Arbeitsgruppen die übergeordnete, auf die Interessen aller Arbeitnehmer im Betrieb bezogene Position des Betriebsrats nicht mehr akzeptieren und sich als Ersatzbetriebsrat verstehen.

Hinzu kommt die Gefahr, dass Arbeitgeber die Arbeitsgruppen bei Verhandlungen unter Druck setzen und so versuchen, Betriebsvereinbarungen und Tarifverträge zu unterlaufen.

Der Betriebsrat muss an Hand der konkreten Situation im Betrieb klären, ob er es überhaupt für sinnvoll hält, Aufgaben zu übertragen und wenn ja, welche. Handelt es sich um Bereiche, die besonders umstritten sind, wie etwa Arbeitszeit, muss der Betriebsrat besonders darauf achten, dass die Arbeitsgruppe die allgemeinen Regelungen in Tarifverträgen und Betriebsvereinbarungen einhält. Möglich ist auch, dass der Betriebsrat, um Erfahrungen zu sammeln, zunächst nur einer Arbeitsgruppe Aufgaben überträgt und die Übertragung auf den Erprobungszeitraum (z.B. ein Jahr) begrenzt.

Der Betriebsrat muss, auch wenn er Aufgaben auf eine Arbeitsgruppe übertragen hat, an den Gruppenprozessen teilnehmen und über sie informiert werden. Er darf die Gruppe nicht allein lassen, sondern muss sie aktiv begleiten.

Allerdings bleibt auch abzuwarten, ob und inwieweit Arbeitgeber ein Interesse an der Übertragung von Aufgaben haben. Vielfach betonen Arbeitgeber, dass sie gerne Regelungen mit den direkt Betroffenen vereinbaren würden. In der Praxis ging es aber oft nur um die Unterschreitung geltender Tarifverträge. Jetzt aber gibt es einen klaren rechtlichen

X. Übertragung von Aufgaben des Betriebsrats auf Arbeitsgruppen

Rahmen und auf Basis der Rahmenvereinbarung klare Rechte für die Arbeitsgruppenmitglieder. Ob die Arbeitgeber auch unter diesen geänderten Bedingungen Interesse an Regelungen mit direkt Betroffenen haben, wird sich zeigen.

7. Widerruf der Übertragung sowie Kündigung der Rahmenvereinbarung

Der Betriebsrat kann jederzeit seinen Übertragungsbeschluss widerrufen. Notwendig ist wiederum ein Beschluss mit absoluter Mehrheit. Damit fällt die übertragene Aufgabe wieder an den Betriebsrat zurück. Das Betriebsverfassungsgesetz allerdings schweigt zur Frage, welche Wirkungen der Widerruf auf die von der Arbeitsgruppe geschlossenen Vereinbarungen hat.

Denkbar wäre, dass damit sofort auch die Vereinbarung der Arbeitsgruppe unwirksam wäre. Dies hätte allerdings zur Folge, dass es sofort keine Regelungen mehr zu dem Themenbereich, z.B. der Arbeitszeit, gäbe. Sinnvoller ist es in diesem Fall, dem Betriebsrat das Kündigungsrecht für die Vereinbarung der Arbeitsgruppe einzuräumen. Der Betriebsrat ist dann allerdings auch an die von der Arbeitsgruppe vereinbarten Kündigungsfristen gebunden.

Beispiel: Kündigung der Arbeitsgruppenvereinbarung

> Eine Arbeitsgruppe einigt sich mit dem Arbeitgeber auf ein neues Arbeitszeitmodell. Die Gruppe hat in der Vereinbarung eine Kündigungsfrist von 6 Monaten zum Jahresschluss festgelegt. Der Betriebsrat möchte nach einer Weile ein anderes Modell. Er widerruft seinen Übertragungsbeschluss und kündigt die Gruppenvereinbarung. Dabei muss er die Kündigungsfrist berücksichtigen. Für mindestens sechs Monate hat also die Gruppenvereinbarung Bestand.

Der Beschluss über den Widerruf muss sowohl der Arbeitsgruppe wie dem Arbeitgeber schriftlich mitgeteilt werden.

Hat der Betriebsrat mehrere seiner Aufgaben an eine Arbeitsgruppe übertragen, steht es ihm frei, alle oder auch nur einzelne der übertragenen Aufgaben wieder an sich zu ziehen. Rechtlich ist der Widerruf an keine inhaltlichen Voraussetzungen gebunden. Erforderlich ist lediglich ein Beschluss mit absoluter Mehrheit. Allerdings kann es in der betrieblichen Praxis schwierig für den Betriebsrat werden, einen Widerruf gegenüber der Arbeitsgruppe zu begründen. Widerruft der Betriebsrat, weil ihm eine abgeschlossene oder kurz vor dem Abschluss stehende Arbeitsgruppenvereinbarung nicht gefällt, wird ihm die Gruppe entgegenhalten, er sei undemokratisch und achte den Willen der „Basis" nicht. Will der Betriebsrat widerrufen, muss er gute Argumente haben.

Anhang Nr. 1

Übersicht über das Einigungsstellenverfahren

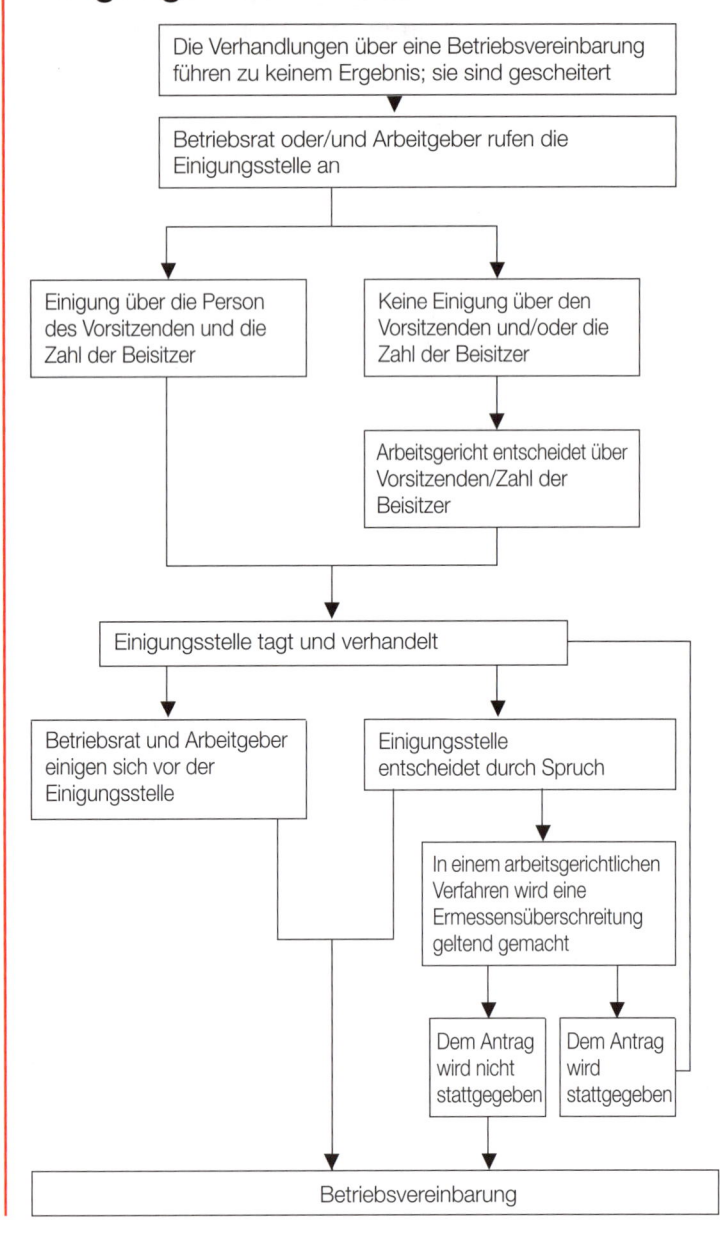

```
Die Verhandlungen über eine Betriebsvereinbarung
führen zu keinem Ergebnis; sie sind gescheitert
                    ↓
Betriebsrat oder/und Arbeitgeber rufen die
Einigungsstelle an
```

- Einigung über die Person des Vorsitzenden und die Zahl der Beisitzer
- Keine Einigung über den Vorsitzenden und/oder die Zahl der Beisitzer
  - Arbeitsgericht entscheidet über Vorsitzenden/Zahl der Beisitzer

Einigungsstelle tagt und verhandelt

- Betriebsrat und Arbeitgeber einigen sich vor der Einigungsstelle
- Einigungsstelle entscheidet durch Spruch
  - In einem arbeitsgerichtlichen Verfahren wird eine Ermessensüberschreitung geltend gemacht
    - Dem Antrag wird nicht stattgegeben
    - Dem Antrag wird stattgegeben

Betriebsvereinbarung

Anhang

Anhang Nr. 2

Allgemeine Checkliste für den Abschluss von Betriebsvereinbarungen

1. Informationssammlung durch Betriebsrat

- Sammlung von Informationen zum Thema (Gewerkschaft, andere Betriebsräte, Technologieberatungsstellen, Fachleute im Betrieb, Internet usw.)
- Welche Position vertritt der Arbeitgeber (Übereinstimmungen/gegensätzliche Auffassungen)
- Steht der Arbeitgeber zeitlich unter Druck?

2. Wer ist für den Abschluss der Betriebsvereinbarung zuständig?

- Örtlicher Betriebsrat, Gesamt- oder Konzernbetriebsrat

3. Die Position des Betriebsrats

- Was will der Betriebsrat im Interesse der Kollegen erreichen?
- Welche Regelungen sind dem Betriebsrat besonders wichtig, welche von untergeordneter Bedeutung?
- Welche Auswirkungen hätten die vom Arbeitgeber vorgeschlagenen Inhalte für die KollegInnen?
- In welchem Verhältnis steht die mögliche Betriebsvereinbarung zum Tarifvertrag?
- Einbeziehung der Kollegen: was meinen Sie zum Thema, was ist Ihnen wichtig. Gibt es Kollegen, die in die Erarbeitung mit einbezogen werden können (Leute mit Fachwissen, Vertrauensleute usw.)?

4. Verhandlungsstrategie

- Wer verhandelt? Soll eine Kommission gebildet werden?
- Wie werden die Kollegen über die Verhandlungen informiert?
- Soll es betriebliche Aktionen zur Unterstützung der Verhandlungen geben?
- Wie könnte der Betriebsrat bei einem möglichen Scheitern der Verhandlungen reagieren?
- Benötigt der Betriebsrat Unterstützung bei den Verhandlungen (Gewerkschaftssekretär, Juristen, Sachverständige)?

5. Abschluss der Betriebsvereinbarung

- Sind alle Punkte, die verhandelt wurden, korrekt enthalten?
- Ist die Sprache verständlich?
- Welche Laufzeit soll die Betriebsvereinbarung haben? Wann soll sie in Kraft treten? Kündigungsfristen?
- Soll die Nachwirkung bei zwingenden Betriebsvereinbarungen ausgeschlossen werden? Soll sie bei freiwilligen Betriebsvereinbarungen vereinbart werden?
- Ordnungsgemäßer Beschluss des Betriebsrates

6. Umsetzung der Betriebsvereinbarung

- Information der Kollegen
- Überprüfung, ob vereinbarte Inhalte eingehalten werden

7. Überprüfung und Fortschreibung der Betriebsvereinbarung

- Bewährt sich die Betriebsvereinbarung in der Praxis?
- In regelmäßigen Abständen überprüfen, ob die Betriebsvereinbarung noch der betrieblichen Situation und der Rechtslage entspricht

Anhang

Anhang Nr. 3

Checkliste Rahmenvereinbarung: Übertragung von Aufgaben des Betriebsrats

1. Bestimmung der Arbeitsgruppe

- Wer gehört zur Arbeitsgruppe? Genaue Festlegung nach Personen oder Funktionen? Klärung, ob Vorgesetzte Teil der Gruppe sind oder nicht?
- Festlegung, wer auf Arbeitgeberseite mit der Arbeitsgruppe verhandelt

2. Aufgabenübertragung/Beschluss

- Genaue Beschreibung und Aufzählung der übertragenen Aufgaben des Betriebsrats
- Mögliche inhaltliche Beschränkungen und Vorgaben für Gruppenvereinbarungen
- Bindung an bestehende Betriebsvereinbarungen und Tarifverträge klären

3. Regelungen für die Entscheidungsfindung der Gruppe, Rechte der Gruppenmitglieder

- Spielregeln für Abstimmungen innerhalb der Gruppe
- Festlegungen, dass die Arbeitsgruppe für Diskussionen ausreichend Zeit innerhalb der Arbeitszeit hat oder wenn dies außerhalb der regulären Arbeitszeit erfolgt, dass diese Zeiten bezahlt werden bzw. ausgeglichen werden
- Schutz für die Gruppenmitglieder; keine Nachteile für Standpunkte in der Gruppendiskussion, Kündigungsschutz für evtl. Gruppensprecher
- Schulungen für Gruppenmitglieder, Hinzuziehung von Betriebsratsmitgliedern zu Verhandlungen mit dem Arbeitgeber bzw. Gruppendiskussionen

4. Zusammenarbeit Betriebsrat – Arbeitsgruppe – Arbeitgeber

- Regelungen über die Zusammenarbeit Betriebsrat – Arbeitsgruppe, Information des Betriebsrats über Vereinbarungen und Verhandlungen
- Teilnahmerecht des Betriebsrats an Verhandlungen der Gruppe mit dem Arbeitgeber

5. Bestimmungen für die Folgen eines Widerrufs der Aufgabenübertragung

- Vereinbarung einer besonderen Kündigungsfrist im Fall des Widerrufs, z.B. Kündbarkeit der Arbeitsgruppenvereinbarung mit einer Frist von drei Monaten (unabhängig der von der Gruppe vereinbarten Frist).

Stichwortverzeichnis

Bezeichnung	Seite
Abmachung	36
Abschlussnorm	15
Anlagen	9
Arbeitgeber	
- Tarifbindung	21
Arbeitsgruppe	68
- Begriff	61
- Entscheidungen	63
- Übertragung von Aufgaben	62
Arbeitsgruppenvereinbarung	65
- Grenzen	65
Arbeitszeit	
- flexible	47
Aufspaltung	34
Aushänge des Arbeitgebers	11
Auslandseinsatz	27
Ausschlussfristen	18
Beendigungsnormen	15
Beisitzer	53
- außerbetriebliche	53
- innerbetriebliche	53
Beschluss	10, 13
- Übertragung von Aufgaben	66
Beschlussverfahren	
Betriebliche Fragen	15
Betriebsrat	
- Informationen	59
- Übertragung von Aufgaben	62
- Zustimmung zu Verzicht	17
- Bildung	15
- Wahl	15
Betriebsübergang	34
Betriebsvereinbarung	
- ändern	34
- aufheben	34
- auslegen im Betrieb	57
- Durchführung	58
- erzwingbare	13
- Formfehler	10
- Fortschreibung	60
- freiwillige	13

Bezeichnung	Seite
- fristlose Kündigung	33
- gemischte	14
- Kontrolle der Durchführung	59
- ordentliche Kündigung	33
- Teilkündigung	33
- Umsetzung	47, 57
- Vorgehen bei Abschluss	47
- Sprache	49
Betriebsverfassungsrechtliche Fragen	15
Diskriminierungsverbote	19
Einigungsstelle	51
- Abstimmung	55
- ständige	53
- Vertretung vor der	54
- Vorsitzender	53
Einigungsstellenverfahren	51
- Kosten	54
Einstweilige Verfügung	58
Formfehler	10
Geltungsbereich	
- fachlicher	28
- persönlicher	26
- räumlicher	26
Gesamtbetriebsrat	
- Zuständigkeit	39
Gesamtbetriebsvereinbarung	39
Grundrechte	18
Gruppenarbeit	44
Inhaltsnormen	15
Insolvenz	32
Kollisionsregel	34
Konzernbetriebsvereinbarung	39
Kündigung	
- Schriftform	33
- Teil-	33
- fristlose	33

Bezeichnung	Seite
Kündigungsfrist	31
- Berechnung	32
- gesetzliche	31
Leiharbeitnehmer	28
Leiharbeitsfirmen	28
Nachwirkung	36
- Ausschluss	36
Öffnungsklauseln	22
Protokollnotiz	11
Rahmenvereinbarung	41
- Kündigung	69
Rechtssprache	49
Regelungsabrede	11
Rundschreiben des Arbeitgebers	11
Schwarzes Brett	57
Stundung	20

Bezeichnung	Seite
Tarifvertrag	
- Vorrang	16, 23
- allgemeinverbindlicher	23
Tarifvorbehalt	20, 23
Übertragung	63
- Widerruf	69
Übertragungsbeschluss	66
Unterzeichnung	9
Urkunde	9
Verhandlungsstrategie	46
Verjährung	18
Verschmelzung	34
Verwirkung	17
Verzicht	17
Vorrang	
- des Gesetzes	16
- des Tarifvertrages	16